让 我 们 一 起 追 寻

JOTEI NO KODAI NIHON

by Takehiko Yoshimura

© 2012 by Takehiko Yoshimura

Originally published 2012 by Iwanami Shoten, Publishers, Tokyo.

This simplified Chinese edition published 2019

by Social Sciences Academic Press, Beijing

by arrangement with Iwanami Shoten, Publishers, Tokyo

〔日〕吉村武彦

**作品**

# 古代日本的女帝

女帝の古代日本

顾姗姗 译

社会科学文献出版社
SOCIAL SCIENCES ACADEMIC PRESS (CHINA)

# 历代天皇一览

（崇神～桓武。黑体字为女帝。）

| 汉风谥号 | 在位年份 | 汉风谥号 | 在位年份 |
|---|---|---|---|
| 崇神 |  | 用明 | 585～587 |
| 垂仁 |  | 崇峻 | 587～592 |
| 景行 |  | **推古** | **592～628** |
| 成务 |  | 舒明 | 629～641 |
| 仲哀 |  | **皇极** | **642～645** |
| 应神 |  | 孝德 | 645～654 |
| 仁德 |  | **齐明** | **655～661** |
| 履中 |  | 天智 | 称制 661～668<br>在位 668～671 |
| 反正 |  | 天武 | 673～686 |
| 允恭 |  | **持统** | **称制 686～689**<br>**在位 690～697** |
| 安康 |  | 文武 | 697～707 |
| 雄略 | 5世纪后半期 | **元明** | **707～715** |
| 清宁 |  | **元正** | **715～724** |
| 显宗 |  | 圣武 | 724～749 |
| 仁贤 |  | **孝谦** | **749～758** |
| 武烈 |  | 淳仁 | 758～764 |
| 继体 | 507～531 | **称德** | **764～770** |
| 安闲 | 533～535 | 光仁 | 770～781 |
| 宣化 | 535～539 | 桓武 | 781～806 |
| 钦明 | 539～571 |  |  |
| 敏达 | 572～585 |  |  |

# 致中国读者

首先我想谈谈日本现在的情况。这个话题虽然刻板艰涩，却是在考察日本历史时需要面对的一个重要问题。

现今，日本宪法第一条规定"天皇是日本国的象征，是日本国民统一的象征，其地位以主权所在的全体日本国民的意志为依据"，日本是一个立宪君主制国家。天皇位为世袭制（宪法第二条），根据《皇室典范》第一条"皇位由属于皇统男系的男子继承"，皇嗣人选被限定在男系子孙之中。

男系子孙的皇位继承法历史并不十分久远，其依据为1890 年实施的《大日本帝国宪法》第二条规定的"皇位依皇宗典范所定，由皇族男系子孙继承之"。战后，此第二条被具有法律效力的《皇室典范》所承袭。可以说，它从最初就体现了政治家重视以男系男子为核心的"父权体制"的意向。

**古代日本的女帝**

这种以男系子孙为本的皇位继承法，并不是日本传统的皇位继承法。它确立于明治维新之后制定的第一部宪法（明治宪法，又称旧宪法）。现在的日本宪法中没有对皇位继承法的规定，它是由国会决议下成立的法律来决定的。也就是说，国会能够决定皇位继承法。

近年来，皇室皇族中多女子诞生，后继者问题成了社会舆论的话题，想必这在中国也为人所知。

然而回顾历史，早在中国正史《三国志·魏书·乌丸鲜卑东夷传》倭人条（后文均简称为《魏志·倭人传》）中就出现了女性日本国王。此处的女性国王（女帝）正是 3 世纪邪马台国时代的倭国王卑弥乎与壹与。不过，卑弥乎并不是始于"崇神天皇"的大和王权中的国王。

在《古事记》《日本书纪》记载的大和王权史中，592 年即位的推古天皇才是一位确实存在的女性天皇。自这位推古天皇起，7 ~ 8 世纪共诞生了六位女性天皇。其中，两位天皇经历了禅让和重祚（再度登基）。因此，当时共有八代女帝君临日本。自 592 年至 770 年，这 179 年间女性天皇在位的时间长达 95 个春秋。

在承袭了中国唐令的日本律令中，《继嗣令》"皇兄弟子条"的注记写着"女帝"二字，这意味着律令法本身是认可女性天皇的。并且，江户时代也出现了两位女性天皇，即明正天皇和后樱町天皇。直到明治时代以前，女性天皇的诞生都并非什么不可思议之事。

那么，中国的情况如何呢？在唐代，武则天由皇太后之位登上了帝位。这位武后于 655 年成为唐朝第三代皇帝高宗之后，高宗去世后，她以皇太后的身份把持朝政。690 年，武后废唐，改国号为"周"，称圣神皇帝，这便是"武周革命"。而这一年也是日本持统天皇正式即位的年份。也就是说，中日两国在同一个时期诞生了女帝。

武后即位前创制了一种叫作"则天文字"的独特汉字。日本也曾使用这种则天文字，而且时至今日，其中的"囜"字仍被人们使用。武则天对日本的影响至今未曾陨灭，这样的历史一幕着实意味深长。

# 目　录

# 序章　围绕女帝的谜团

　　自飞鸟时代前后起到奈良时代，由推古天皇首创先河、称德天皇落幕告终，日本先后有六位女天皇即位。其中，皇极天皇与孝谦天皇各两度登基，因此当时共出现了六位、八代女天皇。

　　推古天皇于崇峻五年（592）即位，称德天皇于神护景云四年（770）去世，在其间短暂的179年里，女帝在位的时间却长达95年，已然超过了这段岁月的一半。由于其历时较长，因此，7世纪至8世纪被人们誉为"女帝的世纪"。此外，在江户时代也出现了女帝，即明正天皇与后樱町天皇，不过她们即位的历史特征与古代有着云泥之别。古代以后，除去江户时代，日本史上便再没有其他女性称帝的时代了。也就是说，女天皇的即位乃是古代日本的一大政治特色。但是，这一时代究竟为何会诞生如此之多的女帝呢？

**古代日本的女帝**

值得我们瞩目的不仅是她们的人数，同时还有那些只能在女天皇身上窥见的特点。

大化元年（645）大化改新之际，皇极天皇将皇位让与孝德天皇，由此开创了日本禅让（天皇生前退位）的先河。此前，天皇在驾崩之际才会退位。因此，身为女子的皇极天皇，便成为首位生前退位的帝王。这在天皇史上成为划时代的一幕。

这位皇极天皇于齐明元年（655）孝德天皇去世后重祚，即齐明天皇。"重祚"是指一度退位的天皇再度登基。一位女子，竟两度高居天皇之位〔采用不同的汉风谥号（中国式谥号）是重祚时的一个特点〕。奈良时代也有天皇重祚。天平宝字二年（758），孝谦天皇禅位于大炊王（淳仁天皇），但是 764 年淳仁天皇被废黜帝位，于是孝谦天皇再次登基（称德天皇）。重祚的现象仅见于皇极、孝谦这两位女天皇身上，当时还未有男天皇重祚的事例。那么，为何重祚只发生在女天皇在位的时期呢？

重祚原本就以禅让为前提，自皇极天皇之后，古代的每位女天皇皆有禅让之举。

禅让后的天皇，被称为太上天皇。中国没有这一制度，它始定于《大宝令》（702 年实施），为日本所独创〔在太上天皇制度还未建立的时期，皇极天皇禅让后被称为"皇祖母尊"（すめみおやのみこと）〕。另外，男天皇

的禅让历史，发端于天平胜宝元年（749）圣武天皇之举。可以说，禅让在最初阶段是女天皇具有的特点。也就是说，太上天皇制度的创立同样也与女天皇有紧密关联。

那么，禅让和重祚这样的王位传承行为，为何会作为女天皇的特点而发生呢？

对于女天皇即位的原因，人们已在历史研究领域进行了反复的探讨。曾经的主流学说以王权政治危机论、王统过渡论（后文详述）来解释。但是，在这些学说所主张的背景下即位的也不乏男天皇。于是，近年来出现了否定其为女天皇特点的学说。其中有的还采用了性别论的研究方法，到了近期，诸学说更是呈现百家争鸣之景。但是，假设女天皇的存在与男天皇毫无差异，那么我们该如何解释在早期只有女天皇禅让、成为太上天皇，以及只有女天皇才有重祚之举的问题呢？反言之，破解女天皇即位之谜的钥匙恰恰就隐藏在这些事象中。

然而，不论对男对女，律令条文中都没有关于天皇即位条件的规定。这是因为天皇职能不受律令制约，自然就不存在皇位继承法。换言之，天皇的地位凌驾于律令之上。

就称号用法而言，所谓"女天皇"与"天皇"也无根本性区别。从现存史料来看，"天皇"称号是在《净御原令》（689年实施）中被制度化的。根据律令可知，"天皇"一语在《仪制令》中被解释为"诏书所称"，是

**古代日本的女帝**

仅用于下达敕命的公文"诏书"之中的国王称号。但实际上，正如《日本书纪》中多次出现"天皇"一语那样，它是一个没有性别之分、被广泛使用的国王专有称号。

不过，在律令中却存在专指女天皇的其他用语——"女帝"。《继嗣令》皇兄弟子条中载有以下文字：

> 凡皇兄弟、皇子皆为亲王＜女帝之子亦同＞。以外并为诸王。

> （＜　＞号内为原文所注）

原文注解道，亲王称号同样适用于"女帝"的子女。如上所述，"女帝"一词，乃律令用语。假如男天皇与女天皇的性质相同，那么律文中的注解不就成了画蛇添足？

律令中，"亲王"称号限用于男性，女性则被另称为"内亲王"。诸如此类，在律令世界里纵横的是男系思想。尽管如此，其中却出现了特指女天皇的"女帝"一词。在古代律令中，以下因素在王权结构中是被认可的：

（a）女性即天皇位；

（b）女帝育有子女。

关于这个问题，将于正文中详述。

因此，从律令层面来看，不仅女天皇的存在是有可能的，而且经由女天皇与皇统相连的"女系"天皇（不限于女性，也包括男性）的即位也并非无稽之谈。但是，尽管出现了八位、十代女天皇，在实际历史中，帝位却都是由"男系"天皇传承的。独身的女天皇结婚并将皇位传给其子女，也就是女系天皇传位的事例还未曾出现。就史实而言，日本的皇位基本上都由男系天皇传承。因此可以说，古代的女帝们也都诞生于这一男系天皇体系。

在日本的古代史上，从大和王权时代至奈良时代，即律令制国家确立时期出现了多位女帝。另外，日本最古老的史书《古事记》记载的最后一位天皇恰好是首位女帝——推古天皇。"推古"这一汉风谥号，意为"推动古昔"。古代飞鸟人认为，推古天皇是古代的最后一位天皇。也就是说，在后世人眼中，推古女帝是一位立于时代转折点的人物。从她的后继者舒明天皇的统治时期起，王宫（都城）开始被营建于飞鸟地区，飞鸟时代由此肇始。而正是从飞鸟时代起，女帝们陆续登上了历史舞台。

耐人寻味的是，日本最早的国史《日本书纪》所记载的最后一位天皇也是女帝，即持统天皇。"持统"这一汉风谥号，意为"维持皇统"。持统天皇登上帝位，是因其子草璧皇子的突然离世。继持统天皇之后即位的，是她的皇孙——轻皇子（文武天皇）。在文武朝时期，日本正式建立起了一个"文物（法律、制度、学问等）之仪"

完备的古代律令制国家。

像这样，《古事记》《日本书纪》不约而同地以记录女帝的事迹来收卷，难道仅是一种单纯的巧合吗？并且，《古事记》完成编撰并被进献到朝廷的年份是和铜五年（712），时值女帝元明天皇时期。而《日本书纪》成书并进献到朝廷的年份是养老四年（720），也正值女帝元正天皇时期。这样的历史画面可谓意味深远。

如上所述，古代日本是一个不论男女都可继承皇位的社会。但是，明治二十二年（1889）颁布的《大日本帝国宪法》规定，"皇位依皇室典范所定，由皇族男系子孙继承之"（第二条），继承皇位的人选被限定在男性当中。

然而，如果我们将古代律令制国家的成立视为当今日本社会形成的历史原点，那么女天皇的出现就应是日本传统社会的正常现象。近世出现了两位女天皇，就证明了这一点。唯有男性才有权即位的皇位继承法反映的只是近代日本的社会理念。在这样的历史变迁中，我们有必要给女天皇一个公正的历史评价。

在本书中，我们将在这一历史潮流中，对女天皇的即位情况及其原因展开考察。但是，根据中国正史等史料记载，在大和王权成立以前，日本列岛还曾出现过倭国女王，也就是《魏志·倭人传》中记载的居住于邪马台国的卑弥呼和壹与。

因此下文中，我们首先从女帝历史中日本列岛的首位"女王"——倭国女王卑弥呼谈起。

# 第一章　历史传说中的
# "女王"们

## 1　两位"倭国女王"——卑弥呼和壹与

### 《魏志·倭人传》描绘的历史

日本古时之事载于《古事记》与《日本书纪》两部史书之中。然而，二者成书并被奉进到朝廷的年份分别是712年、720年。因为二者都成书于8世纪初，其内容恐非基于历史发生当时的史料编纂而成的。史书的内容是否确切属实，必须建立在"史料批判"的基础之上，特别是关于645年大化改新之前（大化前代）的历史，尤其需要通过缜密的史料批判研究进行确认。

讨论与日本古时同时期的史料，必然要提到中国正史和日本列岛出土的文物。中国正史记载了中国在与日本列岛居民交流时流传下来的史实。而出土文物大致分为外国制造的舶来品和日本列岛的本土物产，这两类物品都为我们提供了深入揭示历史真相的诸多契机。

中国正史中的《魏志·倭人传》，准确地说应是《三国志·魏书·乌丸鲜卑东夷传》倭人条，该处记载了倭国女王卑弥呼和壹与的事迹。另外，此条文名中的"东夷"指朝鲜半岛诸国和倭国，"乌丸""鲜卑"指与曹魏毗邻的北方诸部族。

《魏志·倭人传》中有如下记载：

> 其国本亦以男子为王，住七八十年，倭国乱，相攻伐历年，乃共立一女子为王，名曰卑弥呼，事鬼道，能惑众……

倭国的王位原本由男子继承，但由于国家内乱不止，最终一位女子被拥立为王。这位女王便是卑弥呼，读作"ひみこ"或"ひめこ"①。有学者认为，卑弥呼并不是女子名，而是一种称号。但是，根据承袭了《魏志·倭人传》的《后汉书》所载的"有一女子名卑弥呼"，以及《梁

---

① 日语发音分别为 himiko 和 himeko。——译者注

书》中"乃共立一女子卑弥呼为王"的文字可知，中国史书是将其作为特定人物的名字来记载的。因此，正确观点是应将"卑弥呼"解释为女子之名。

这一时期，倭国王是根据组成倭国的各小国的意志推选产生的。邪马台国的王，未必会成为倭国的王。在构成倭国的各小国中，邪马台国虽为盟主国，但在伊都国亦有王统治一方，甚至邪马台国联盟的敌对国——狗奴国也立有"男王"。

在这样的背景下，倭国爆发了内乱，但男王的继位始终无法令纷争平息，因此各小国才拥戴女王即位。卑弥呼去世后，"更立男王，国中不服，更相诛杀，当时杀千余人"的混乱局面再次爆发。迫于这一形势，倭国改立卑弥呼的宗女（同族的女子）——壹与（或台与）为王，将乱局稳定了下来。显然，当时的失控局势已无法通过拥立男王来收场了。从另一个角度来看，这一连串的政治事件反映出女王从根本上而言是在男王即位传统中被孕育出来的。此外，根据《梁书》等可推测，壹与去世后，王位很可能是由男王继承的。

如上所述，3 世纪前半期的倭国，男王的继位导致内乱的局面僵不可破，从而实际推动了两代女王的即位。也就是说，女王的诞生，缘于实现倭国全土统一的政治目的。

## 卑弥呼是否为"邪马台国女王"?

卑弥呼常被称作"邪马台国女王卑弥呼",但是在《魏志·倭人传》中没有出现"邪马台国女王"的只言片语。邪马台国被记述为"女王之所都"。由此可知,女王卑弥呼的王宫位于邪马台国,女王在此实施统治。此外,邪马台国虽然被通读为"やまたいこく",但最初应读作"やまとこく"①,后者更为准确。

自卑弥呼在景初三年(239)被赐予"亲魏倭王"的称号以来,倭国女王在中国正史中都被记述为卑弥呼。但是,"邪马台国女王"的文字却并未出现。因此,东洋史学家西嶋定生强调,卑弥呼虽是倭国女王,但并不是邪马台国女王(『邪馬台国と倭国』)。这一观点基本稳妥。

不过,在"女王国"的记载中有这样一段文字:"自郡至女王国,万二千余里。"此处的"女王国"有可能不是指倭国的中心地区,而意为邪马台国。如果按照这一解释,邪马台国的女王便是卑弥呼(仁藤敦史『卑弥呼と台与』)。另外,由于我们可以推断卑弥呼和壹与的出身地为邪马台国,因此不能全盘否认她们作为邪马台国王的可能性。但是,在239年被赐予"亲魏倭王"的称号之

①    日语发音分别为 yamataikoku 和 yamatokoku。——译者注

后，卑弥呼作为"倭国女王"的性质日益浓厚。因此，学界一般认为，最好避免评价其为"邪马台国女王"。

卑弥呼被曹魏视作女王，而实际上，中国承认女王存在的事例是极其罕见的（武田佐知子「男装の女王・卑弥呼」）。赐号"亲魏倭王"的问题，也要联系这一点来考虑。当时，曹魏很可能是为了应对南方敌国——孙吴，而作为一种外交政策，才特别优待了他们认为地处孙吴东方海域的邪马台国。

## "隐身的王"

在倭国，卑弥呼作为受诸盟国拥戴的女王而存在。她的举动被描述为"事鬼道，能惑众"，带有一种类似萨满的宗教特点。这大概是在描述卑弥呼以离魂之术（恍惚状态）与神灵交流的行为。而"鬼道"，可以说是曹魏对施展原始巫术的萨满使用的一种轻蔑性语言。

另外，据记载，卑弥呼"自为王以来，少有见者"，"唯有男子一人给饮食，传辞出入"。卑弥呼从不现身于人前，以所谓"隐身的王"的姿态君临天下。并且，记载称其"有男弟佐治国"，也就是说，倭国内政是由她弟弟辅佐治理的。不过必须注意的是，卑弥呼身为"亲魏倭王"，必然与对魏政策有所关联，不可能终日沉溺于所谓"鬼道"的宗教行为。

人们将以萨满形象从事鬼道的卑弥呼立为女王，是不是这一时期王权的权力构造所必需的呢？这是决定卑弥呼根本性质的关键问题。接下来，我们就此问题进行考察。

## 是不是"姬彦制"[①]?

也有观点强调卑弥呼的萨满属性，并将她与弟弟的政治关系分解为圣权（卑弥呼）和俗权（其弟）。此观点认为，这种姐弟的分权关系表明了圣俗分治的政治制度在当时已经成立，而将其解释为"姬彦制"的观点也根深蒂固。然而，把这一时期女王的诞生看作上述结构及制度的产物到底是否正确？

考虑这个问题时，除了卑弥呼肩负对魏外交政策的史实外，同时还有一个重要的考察依据就是：她与壹与的即位是在男王继位的历史潮流中为阻止内乱而采取的临时措施，并且仅限于两代。也就是说，女王的诞生仅仅是为了避免内乱而采取的临时措施，并不是王权结构体制原本的产物。女王登场是为了避免男王即位，而并非社会体系的历史必然现象。因此，我们不能将卑弥呼女王定位为当时

---

① 原文为"ヒメーヒコ制"，日文中"姬""彦"分别常用于女子、男子的名字。——译者注

王权结构体系中的构成要素。进言之，女王即位的历史背景，应当与她的萨满特征分开考虑。总之，问题的核心在于这一时期女性首领存在的必要性。

正如《魏志·倭人传》描述的那样，卑弥呼"年已长大，无夫婿"，是单身。由此可推测，她亦无子女，可能单身至老。接下来的女王壹与和卑弥呼同宗，13 岁即位。她终生单身的可能性也极高。如此看来，推戴女王即位的首要意图在于不让男王即位，其目的是否定男系王位继承、杜绝男王拥有子嗣。

列岛诸国为何如此厌恶由男王继承倭国王位？拥护单身女王即位的主旨，或许就在于阻止国王拥有子嗣这一目的。

关于这一时代的国王是否由特定氏族集团的男性来继承这一问题，答案尚不明确。壹与尽管被记载为卑弥呼的"宗女"，但是这一写法或许只反映了"王位由特定氏族集团继承"这一中国的情况，不能反映日本当时王位与氏族集团之间的关联性。

事实上，卑弥呼一方面身为"亲魏倭王"，拥有对外行政者的地位，另一方面，在国内又具有"事鬼道"这一充满神秘色彩的萨满身份，即拥有双重特性。人们没有推举男王，却拥戴这位从事宗教祭祀活动的女性为王。对于将要统合倭国的国王人选，人们理所当然会期待其在对外关系方面有所作为。但是，当面对是否要将卑弥呼的"男弟"列入男王候选人的抉择时，诸国却未能表示赞同。

**卑弥呼与神功皇后**

然而，日本方面的史料《日本书纪》中却从未直接出现过卑弥呼的名字。《日本书纪》的编纂者曾参考《魏书》，因而必然知晓卑弥呼这一名字。另外，编纂者还将卑弥呼的统治时期推断为神功皇后时期。

《日本书纪》引用《魏书》的内容达三条。例如摄政三十九年条的"是年也，太岁己未"附有以下注记：

> 《魏志》云，明帝景初三年六月，倭女王遣大夫难斗米等，诣郡，求诣天子朝献。太守邓夏遣吏将送诣京都也。①

这段文字记录的内容为：倭女王派遣难斗米出使带方郡，请求拜谒曹魏皇帝，带方郡长官便安排使者护送其至都城。虽然这段文字照搬了《魏志·倭人传》中的外交

---

① 此处为《日本书纪》中的记载，与《魏志·倭人传》中的相关记载略有出入，后者记为："景初二年六月，倭女王遣大夫难升米等诣郡，求诣天子朝献，太守刘夏遣吏将送诣京都。"——译者注

记录，却没有出现卑弥呼的名称。从《魏志·倭人传》的内容可判断，此处所记录的"倭女王"毫无疑问正是指卑弥呼。

而关于卑弥呼被认定为神功皇后的观点，自古以来就备受争议。在此，我们首先揭示结论：神功皇后乃"皇后"，并非"倭王"。并且，身为女王、"无夫婿"的卑弥呼被等同于育有子女的"皇后"，这一叙述本身也自相矛盾。此外，神功皇后并非真实存在的历史人物（后述）。单从这一点出发，就不能判断二者为同一人物。而即使神功皇后为真实人物，也欠缺证明卑弥呼和神功皇后为同一人的根据。

也就是说，知晓《魏书》的《日本书纪》编纂者是为了赋予卑弥呼在大和王权传承史中一个位置，而生硬地将她写成了神功皇后。因此，她与卑弥呼的生平事迹在实际中就呈现相当大的差异。我们可推断，这些差异的根本原因就是，大和王权的传承中原本就不包括卑弥呼和壹与这两位女王。但是，既然中国正史对其有所记载，那么卑弥呼的存在就不容否定。一个曾经存在过的古代女王如不被列入王权传承的历史中，《日本书纪》作为日本史书的正统性无疑将遭到质疑。大概是出于这样的考虑，编纂者才生硬地将卑弥呼认定为了神功皇后。

此外，摄政六十六年条的注提到"是年，晋武帝泰初①二年。晋《起居注》云，武帝泰初二年十月，倭女王遣重译贡献"。条文通过引用晋朝的《起居注》（皇帝日常言行的记录），介绍了"倭女王"的外交事迹。或许是因为这发生于神功皇后在位时期，所以《日本书纪》编纂者就把它当作卑弥呼的事迹记载了。但是，由于所引的是晋朝（265～420年）《起居注》，此时卑弥呼已不在人世（她于248年前后去世），所以其记录的人物应为壹与。

## 2 《古事记》《日本书纪》所追求的 "女性王者"形象——神功皇后

### 神功皇后

被认定为卑弥呼的神功皇后究竟是何人物？

据《古事记》《日本书纪》记载，神功皇后是在大和王权的"传承"②中首位行使统治权的女性。此处所说的"传承"是否契合史实仍有疑点，其或为虚构历史。目

---

① 晋武帝年号应为"泰始"。——译者注
② 此处的传承指口头传承下来的历史，即传说。——译者注

前，我们还尚无证据可断言神功皇后的真实性。

《日本书纪》除了卷一、卷二的"神代上、下"以外，基本上都以编年体形式来记录"天皇史（人皇纪）"。但其中唯有卷九记录的是皇后①历史，即"气长足姬尊纪（神功皇后纪）"。仅从它以卷入史的事实来看，也可知神功皇后这一人物是编纂者怀着某种特殊意图编入《日本书纪》中的。另外，在《古事记》中，神功皇后的事迹被并入其夫仲哀天皇的章节，没有受到特殊处理。

《日本书纪·仲哀天皇纪》记载到，仲哀天皇向群臣征求讨伐熊袭（一般认为其居住于九州南部，是一个不愿臣服于大和王权的集团）的意见时，神功皇后被神灵附体。从之后的神谕可知，附体的神灵为撞贤木严之御魂天疏向津媛（天照大神的荒魂②）等。《古事记》中也可见"神归"这样的文字描述。俨然，神功皇后被史书塑造成了一个被神灵附体的人物。之后，仲哀天皇因为没有遵从神谕而毙命，皇后择吉日

---

① "皇后"称号的使用始自《净御原令》，此前则称"大后"。本书为行文方便，叙述此前历史也使用"皇后"一词。其次，关于大后，将于第二章第四节叙述。此外，本书亦使用"后""妃"称号。

② 古时日本人认为神的灵魂分为荒魂与和魂两种，荒魂是活动剧烈、勇猛刚健的灵魂，与之相对，和魂指常年处于静止状态、温和有德的灵魂。——译者注

进入斋宫，并主动成为"神主"（神功皇后摄政前纪）。也就是说，在这段记载中，神功皇后是以自主行使权力的人物形象来展开行动的。《日本书纪》编纂者不仅把卑弥呼比拟为神功皇后，而且在神功皇后纪中将皇后描述为一位同时具有类似于卑弥呼的萨满特点与统治能力的人物。

下一个问题是神功皇后的名称。《日本书纪》中，皇后的和风谥号被记载为"气长足姬（<u>オキナガタラシヒ</u>メ）"（神功皇后摄政六十九年条）。"气长（息长）"，是一个地名，它与活跃于历史舞台的息长族渊源颇深，息长族中多出皇妃、女官。

但是，这一谥号绝不是 5 世纪之前的谥号。虽然它的确与 7 世纪舒明天皇的和风谥号"息长足日广额（<u>オキナガタラシ</u>ヒヒロヌカ）"有相同部分，但"ヒロヌカ"的部分不同。其次，除去"オキナガ"，"<u>タラシヒメ</u>"的部分则与皇极（齐明）天皇的和风谥号"天丰财重日足姬（アメトヨタカライカシヒ<u>タラシヒメ</u>）"雷同。也就是说，这一谥号给人一种强烈印象：它是后世为一个子虚乌有之人杜撰的名称。关于这一点，将于后文详述。

### 拥有"神"之名的天皇

汉风谥号"神功"，由淡海三船于 8 世纪后半期甄选进献，意为"神妙不可测之功绩、神之功业"（『大漢和辞典』）。同神功皇后一样被奉上"神"字的天皇寥寥无几，只有"神武""崇神""应神"三位天皇。

据《古事记》《日本书纪》记载，神武天皇是由神代进入人皇时代的第一代天皇，同时有和风谥号"神日本磐余彦（カムヤマトイハレビコ）"。从谱系上看，他是神之子〔父亲为鸬鹚草葺不合（ウガヤフキアヘズ），母亲为海神之女玉依姬（タマヨリヒメ）〕，因此"神武"的名称并不令人感到突兀。

在神武天皇的相关记载中，我们要关注的是"今，以高皇产灵尊，朕亲作显斋"这一行为。"显斋"是指"使隐而不现的神身显现出来，进而为之斋祭"。"据说，在天皇亲自请迎高皇产灵尊的仪式上，高皇产灵尊之灵降临到神武天皇的肉身上。于是，神显现于人世"（神武即位前纪戊午年九月条。日本古典文学大系『日本書紀』頭注）。与神功皇后的情形如出一辙，神武天皇本人也是以神的姿态出现在人前的。"神武"之"神"，大概就源于此。神附体于人，人则以神的身份来行事，这并非仅发生在女性身上的特有现象。

不过，在《古事记》《日本书纪》中，开创大和王权的初代天皇（はつくにしらすスメラミコト），是被列为第十代天皇的崇神天皇（拙著『ヤマト王権』）。据说，

他"崇重神祇"，"崇神"就是根据他的这一特点而命名的。

另外，关于"应神天皇"的称号，应当联系他的母亲"神功皇后"的情况综合考虑。如下文将要详述的那样，由于其丈夫仲哀天皇没有服从"神的旨意"而丧命，神功皇后才"知所崇之神，欲求财宝国"。接着，她遵循神谕行事，首先下达了征伐熊袭的命令，熊袭由此臣服。在此，神功皇后领悟到"神教有验"，接着又踏上了讨伐新罗的征途，并感知"天神地祇悉助"。新罗国亦随之臣服。于是，皇后便坚定不移地认为此乃"承神教"之功。而她的"神功"称号或许就来源于这一连串的事件。

"应神"意为"呼应神明"。关于神功皇后之子——应神天皇，《日本书纪》记载道："初天皇在孕，天地神祇授三韩。""应神"一语对应的应当就是这段事迹。另外，《日本书纪》的异本中还有"一云"，记载他曾与角鹿的笥饭大神交换过名字。而这段事迹也应是解释"应神"的根据之一。

此外，和风谥号中使用"神（カム）"字的天皇，除了神武天皇以外，还有在《古事记》《日本书纪》中被列为第二代天皇的绥靖天皇《古事记》记作"神沼河耳命"，《日本书纪》记作"神渟名川耳"，均读作"カムヌナカハミミ"。以上这些谥号不是当时的谥号，而是由后世拟定而成的。神武天皇为神之子，而他的第三子绥靖天皇的生母为事代主神之女。因此可以说，神武、绥靖天皇分别是神之"子"与神之"孙"。

## 征讨新罗

如上所述，《日本书纪》将神功皇后的事迹作为"天皇史"记载，采用了一种超乎常规的记载方式。而在《常陆国风土记》《摄津国风土记》①等书中，她被称为"息长带比卖天皇"，身份就是天皇。继《日本书纪》之后，也有一部分书籍将她记录为天皇。虽然不排除奈良时代以后人们将她的事迹当作历史传说来看待的可能性，但《日本书纪》给她的定位始终只是皇后。

《日本书纪》这样定位神功皇后的原因何在？答案要从神功皇后纪的构成及内容特点中去寻找。在此我们要关注的是，被称为"新罗征讨物语"的神功皇后纪中有关对外关系的记事。在《日本书纪》的仲哀天皇纪中也可见相关记载，内容大致如下。

（1）为征讨熊袭，仲哀天皇行幸至筑紫，由于没有

---

① 奈良初期，受元明天皇诏令，各国（地方）自713年开始编纂地方志，主要以汉文书写，现存写本仅五册。前者写本内容较完整，后者逸文散见于其他书籍。——译者注

信从神灵劝导他征讨新罗的神谕，最初的征讨熊袭计划败北，不久后身亡（仲哀天皇纪）。

（2）神功皇后在得知是天照大神、住吉三神等神下达的神谕之后，便遵照神的启示举行了祭祀，成功征服了熊袭。当她决意继续征讨新罗时，实际上已怀有身孕并临近产期，但是她将石头（镇怀石）插于腰间延缓产期，在神的护佑下踏上了攻打新罗的征途。但新罗未战先降，立下向日本朝廷进贡的誓言。随后，高句丽与百济也紧跟着向倭国俯首称臣。

（3）从新罗凯旋的神功皇后在筑紫诞下了应神天皇。

这段故事既非史实，又非人们口头相传的历史。不过，它却反映了体现古代日本特点的一些重要事实。我们可从这个故事成立的背景入手。

这个故事成立的前提条件是"前皇后"拥有一定的政治权力。神功皇后是以"皇后"身份终其一生的，但后来的推古、皇极（齐明）、持统三位天皇都以"前皇后"的身份登上了女帝的宝座。她们的共通之处体现在即位前以及皇后时期都拥有一定的政治权力。此外，还有元明天皇。她原先是（草壁）皇太子妃，因此，她的情况也可归为此类考虑。

前皇后拥有政治权力的现象，自然也同皇位继承问题息息相关。如上文所述，一般认为在进入推古朝之前的一段时期，皇后的地位在制度上得到了确立，皇后具有继承皇位的资格。也就是说，神功皇后纪所记载的历史反映了 6 世纪后半期以后的历史情况，即"前皇后"可拥有政治权力。

神功皇后活跃在历史舞台上的事迹并非 4 世纪的史实，而是后世的产物。关于这一点，正如前文所述，可从"气长足姬（オキナガタラシヒメ）"的名称中找到答案。更确切地说，她的名称与舒明天皇［息长足日广额（オキナガタラシヒヒロヌカ）］、皇极（齐明）天皇［天丰财重日足姬（アメトヨタカライカシヒタラシヒメ）］的和风谥号相似。这表明，神功皇后的故事体现的是 6 世纪末至 7 世纪的时代意识。换言之，征讨新罗这一故事成立的条件，应该与舒明、皇极（齐明）两天皇有着密切关联（岸俊男『日本古代政治史研究』）。齐明女帝曾经为救援百济而行幸至筑紫并决意大战新罗，但心愿未遂便在筑紫的朝仓宫离世了，亲征计划未果。这段史实与征讨新罗这一故事之间的关联十分耐人寻味。

### 《日本书纪》的意图

但是，假如征讨新罗是后世杜撰的，那么编纂者将它安排在神功皇后纪中的意图是什么呢？要把握这段物语的本质,首先需考察它的政治意义。在此,笔者想关注的是《日本书纪》中所谓应神天皇婴儿时期的事迹,即"初天皇在孕,天地神祇授三韩"。简而言之,神功皇后之子——应神天皇还在母亲腹中时就出征了新罗并被赐予百济、高句丽。由此可见,应神的"胎中誉田天皇""胎中之帝"(继体六年条)称号,也表达出"三韩"是他出生时得到的"天地神祇"之赐的含义。如果用文学性语言来描述,应神天皇可谓"承运御三韩,奉天疆半岛"。

国王称号是揭示这段故事政治意义的关键所在。如上所述,"天皇"称号是在7世纪后半期的《净御原令》(689年实施)中被制度化的。《大宝律令》的《公式令》中可见"明神御宇日本天皇"的文字(诏书式条),天皇被尊为"御宇天皇"。"御宇"指"御宇内",意味着对外立于蕃国之上,对内支配虾夷、隼人等夷狄。

天皇称号成立以前,如《古事记》记载,"品陀和气命(应神),坐轻岛之明宫,治天下也",天皇被称为"治天下"的王(治天下王)。"御宇"和"治天下"被作为两个政治含义相同的词语来使用。关于"御宇",如"凡倭屯田者每御宇帝皇之屯田也,其虽帝皇之子,非御宇者,不得掌矣(凡倭国的屯田都属于统治天下的天皇,即便是天皇之子，不统治天下亦不可掌控。——仁德即位前纪）"所述，它是天皇专有的统治行为。由于二者意思相同，《古事记》对所有天皇的描述都一致使用了"坐×××宫，治天下"的行文。

那么《古事记》《日本书纪》是如何叙述"治天下""御宇"框架发展过程的呢？接下来，我们按照《古事记》《日本书纪》天皇史的构造与思路来解答这个问题。在初代天皇（はつくにしらすスメラミコト）崇神天皇之后，先是垂仁天皇纪记载了侠穗彦（サホヒコ）的叛乱及其被镇压的传说，侠穗彦与位于奈良盆地北部的佐保渊源颇深。其次，景行天皇纪记载了景行天皇与日本武尊（ヤマトタケル）征服东西列岛的历程。接着，之后的成务天皇纪记述了各地设置地域行政组织"国造""县稻置"的情况。而在成为问题关键的仲哀天皇纪中，内容焦点则从阐述征讨不愿朝贡的熊袭一事，转移到了列岛外部的问题，即征讨新罗上。

如上，在《古事记》《日本书纪》的故事中贯穿着一个主题，即"从对日本列岛各地的支配，发展到在海外确立藩属国"。所谓天皇，是既统治国内又掌控蕃国、夷狄的支配者。列岛的王，如果要成为真正意义上的"天皇"，就必须支配蕃国。到了应神天皇时期，蕃国归附作为政治问题浮出水面。并且，这一问题继而衍生出“独裂筑紫，招三韩（百济、新罗、高句丽）令朝于己，遂将有天下”（应神九年条）的政治思想（此处引用的言论出自武内宿弥之弟进给天皇的谗言，他妄言兄长图谋分裂筑紫、篡夺皇位）。也就是说，天皇欲一统天下，就必须使三韩来朝。这一思想与“大泊濑天皇（雄略天皇），正统万机，临照天下。华夷欣仰，天皇之身也”（显宗二年八月条）相通。“华夷”意味着唯有蕃国臣服，方能统御天下。“天下”和“华夷”，在思想层面上是相互关联的概念。

为了确保发展列岛文明时所需要的铁资源以及先进文化的输入，促使蕃国从属于本国，让蕃国臣服便成为列岛无法回避的政治课题。因此，必须将它作为天皇史中的必然环节纳入国史。为了使这一环节顺理成章，《日本书纪》中便安插了长达一卷的神功皇后纪。

于是，应神天皇以“胎中天皇”的形象诞生。由于天孙已经降临到苇原中国，列岛获得藩属国，就需要设定一个“胎中”天皇的形象。也就是说，要将前后事件演绎为必然的、不可违抗的天命。因此，“三韩”的征服者必须由一位身怀六甲、征战沙场的母亲出演，神功皇后这一人物形象的意义便产生于此。

# 3 "饭丰天皇"的周边——饭丰皇女

## 饭丰皇女及兄弟禅让物语

在《日本书纪》中，非女帝而掌握统治权力登上历史舞台的女性，除了神功皇后以外，还有另外一位女性。《日本书纪·显宗即位前纪》记载，"天皇姐饭丰青皇女（饭丰皇女），于忍海角刺宫，临朝秉政，自称忍海饭丰青尊"，"饭丰青尊崩"，将饭丰皇女记录成一位实际统治了日本的王。此处的"尊""崩"是用来描述天皇级别人物的文字。鉴于《日本书纪》的这些内容，《扶桑略记》（平安时代后期编纂的史书）记载，"饭丰天皇，二十四代，女帝"，将她录为天皇。在阐述饭丰皇女问题之前，让我们先从她登上历史舞台的背景展开考察。

《日本书纪》安康三年十月条记载了市边押磐皇子被雄略天皇射杀的事件，遇害者是亿计王（之后的仁贤天皇）、弘计王（别名"来目稚子"，之后的显宗天皇）兄弟的父亲。在得知父亲被杀的消息后，兄弟二人惶恐出逃，经过丹波的余社，到达了位于播磨的赤石。在当地，为管理屯仓的缩见屯仓首——忍海部造细目效力。一次，时逢新尝祭，弘计王在新室建成的庆典上与其兄长商量，不如破釜沉舟，将身世公之于众。于是，继哥哥在宴会上献舞后，弟弟在室寿（庆贺新室建成的祝词）声中伴着琴音吟歌而起，将两人的真实身世全盘托出。

当时，播磨国司山部连的先祖——伊予来目部小楯恰好在场，闻知兄弟二人的身份之后颇感惊讶，不仅在播磨为他们建造了临时宫殿，同时还赴京将事情的经过奏于天皇。膝下无子的清宁天皇便将这对兄弟召回都城并迎进宫中，将哥哥封为皇太子，将弟弟封为皇子。在《日本书纪》的描述中，哥哥虽成了皇太子，但与弟弟相互推让，迟迟不肯即位。

饭丰皇女，亦称饭丰青皇女、忍海部女王。另外，皇族谱系将她记为履中天皇之女（《日本书纪》履中元年七月条）或市边押磐皇子之女（显宗即位前纪的"谱第"之说）。《古事记》《日本书纪》关于其生母的传说也各不相同。因此，她的血缘关系尚待考证。不过已经明确的是，"忍海"是大和国忍海郡（现葛城市忍海）的地名。角刺宫也位于此地。由此可知，她与古代豪族忍海氏之间渊源颇深。

据《日本书纪》记载，隶属于忍海氏的部民①（隶属

---

① 大化改新以前，隶属于大和政权，为其提供劳役并向其纳贡的人所组成的集团。——译者注

于忍海氏并为其效力的集团）——忍海部居住于播磨，其当地首领——忍海部造细目负责管理缩见屯仓（即缩见屯仓首）。如上所述，亿计王、弘计王的逃亡地正位于与忍海氏有密切关联的地区，兄弟二人就是在这里举行的新尝祭上坦白了身世。史书中涉及饭丰皇女的一系列事件，大都与忍海氏的传闻有着密切关联。

## 饭丰皇女的"临朝秉政"

以上的口述历史未必是真实的历史。对此，学界已从历史学与文学这两个视角展开过多次讨论。在此，我们要探讨的是这位亦可被称为女王的饭丰皇女的问题。换言之，考察的焦点不是显宗、仁贤两天皇的真实性或二者的禅让故事，而是史书将饭丰皇女记载为实际统治了日本的女王的相关情况。

据《日本书纪》记载，清宁五年正月，清宁天皇去世后，身为皇太子的兄长与身为皇子的弟弟彼此谦让，致使皇位在一段时期内无人继承。因此，"天皇姐饭丰青皇女，于忍海角刺宫，临朝秉政，自称忍海饭丰青尊"。也就是说，尽管有兄弟二人可继承大统，但他们的互让导致朝中无主，于是才引出了饭丰皇女的"临朝秉政"。此后，最终由弟弟弘计王继承了皇位，显宗天皇由此诞生。那么，在天皇即位之前，饭丰皇女实行的"临朝秉政"

的具体内容是什么呢？

"秉政"，意为"执掌政事"。"临朝""秉政"二词均可见于中国正史，但是"临朝秉政"一词本身是《日本书纪》中的用法。"秉政"和"执政"意思基本相同。"朝"则是"谓君臣谋政事之处也"（《礼记》），用于描述王、天皇等掌权者及皇后、皇太子等实际统治者的行为。

与这个词相似的还有"临朝称制"（持统即位前纪），用于表述天武天皇去世后持统天皇的执政现象。"称制"意为"在正式举行即位仪式以前执掌政务"。可见，"称制"与"秉政"这两个汉文词语在日本被赋予了特殊的含义。另外，"称制""秉政"的差异在于，"称制"用于后来即位成了天皇的人（天智、持统），"秉政"则用于没有即位的饭丰皇女（坂口彩夏「「臨朝」による称制の検討」）。

但是，"称制""秉政"等词在当时是否被使用过尚不明确，很可能是在《日本书纪》编纂时被采用的。例如，在《藤氏家传》上卷（镰足传）中关于天智天皇即位以前的事，就使用了"摄政六年春三月"之类的记述。最初的行文大概使用了此类不同写法。

### 饭丰皇女历史传说的意义

《日本书纪》记载，饭丰皇女在一定时期内统治

了日本。因此，这成为她被后世奉为天皇，甚至被
称为"饭丰天皇"的主要原因。关于这位饭丰皇女
的人物形象，《日本书纪》留下了意味深长的描述。
在关于亿计王立太子的记事之后，清宁三年七月条
记载：

> 饭丰皇女，于角刺宫与夫初交，谓人曰"一知女
> 道，又安可异。终不愿交于男。"＜此曰有夫，未详＞

文中出现了"与夫初交""知女道"等有关性的表
述。这样的记述到底蕴含何意？这段文字的主旨，与其说
是饭丰皇女在角刺宫与夫发生性事，不如说是其之后再无
性事。原文的注中写到"有夫，未详"，可见二者至少不
是固定的夫妻关系。总之，饭丰皇女后来过的是一种无性
生活或者说终生固守单身。

这段令人感到唐突的记载体现了饭丰皇女身为女王的
特点。直白地说，文字暗示了她在生育经历上的空白。如
"不愿交于男"所言，她被塑造成拒绝与男性发生性关系
并拒绝生育的女王形象。"有夫，未详"的表达方式则反
映了她接近于独身的状态。在这样的女王形象中，我们可
以看到她与卑弥呼的相似之处。另外，与神功皇后相比，
二者的人物形象则大相径庭。

　　下面笔者想关注的是"饭丰皇女（饭丰青皇女）"的名称问题。"饭丰"在《古事记传》中被解释为"鸟名也"，《日本书纪》皇极三年三月条中可见"休留"二字，即指猫头鹰。

　　更加耐人寻味的是"饭丰"二字的汉字表记。之所以这么说，是因为它和推古天皇的和风谥号"丰御食炊屋姬"有相通之处。二者中都有代表美称的"丰"字，"饭"和"御食"（供给神的神膳、王的御膳）的意思也相近，并且推古天皇的谥号中还有"炊屋"一语。当然，具有独身意识的饭丰皇女和已婚的推古天皇在人生境遇上千差万别，但二者的名称表记有共通之处。这意味着她和《日本书纪》中明确记载的首位女天皇——推古天皇之间可能有某种关联。另外，据研究，推古天皇的本名为"额田部皇女"。这个名字源于她由额田部抚养长大的身世，抑或是因为她继承了部民额田部。

　　饭丰皇女的故事诞生于特殊背景之下，即尽管当时皇太子位上并非无人，但仍出现了"天皇空位期"。不过，此处的重点是，一位终生单身的女性人物登上了政治舞台。这意味着饭丰皇女被塑造成一个与神功皇后、推古天皇形象相反，而与卑弥呼有相似特点的人物。实际上在《日本书纪》《古事记》中，除了饭丰皇女以外，便再未出现过其他"未婚的女王"。首位未婚的女天皇是 8 世纪前半期在位的元正天皇（715～724 年）。她即位前的 714 年，首皇子（之后的圣武天皇）被立为太子。但是，由于在《日本书纪》《古事记》这两本史书中，《古事记》早在 712 年就已被纂成并献到朝廷，因此，其中所记饭丰皇女的事迹与元正天皇没有丝毫关联。史书之所以塑造了这一未婚女王的形象，大概是受到了日本列岛流传的巫女王传说的影响。那么，历史上"女性首领"是否真的存在过呢？在下一节，我们将暂时从文献史料转到考古学研究成果来思考这个问题。

## 4 刀剑、铠甲、古坟——考古学视角中的女性首领问题

### 女性首领确实曾经存在吗？

展开《日本书纪》，我们会发现，周防曾出现过一个名叫神夏矶媛的小国魁首。又如丰后，也曾诞生过一个名叫速津媛的地方魁首（景行十二年条）。两人的名字明确显示出她们是当地的女性首领。《日本书纪》以及《风土记》中记载了多位这样的女首领。

例如，居住在筑紫菟狭（宇佐）的菟狭津彦和菟狭

津媛，便是菟狭国造①的先祖（神武即位前纪）。他们很可能是以姬彦制的"兄妹"组合形式来共同承担"国造祖"也就是首领职责的。虽然男女组合比较常见，但是这并不一定意味着所有男女组合都实行男（俗）、女（圣）的圣俗分治形式。位于筑紫阿苏的阿苏都彦、阿苏都媛二神（景行十八年条）就为我们提供了这一观点的证据。此处的姬彦制，是以地位相同的"二神"结构而存在的。也就是说，由于二者的身份都为神，就意味着双方都在祭祀方面发挥了作用。

此外，在因不愿臣服大和王权而被扣上"土蜘蛛"蔑称的地方首领中，还有田油津媛和她的兄长夏羽那样的兄妹组合。他们居住于筑紫山门，由兄长管辖军事事务（《日本书纪·神功摄政前纪》）。另外，据记载，肥前亦曾出现过两位共治的女性首领，即大山田女和狭山田女（《肥前风土记》佐嘉郡条）。诸如此类，除男女组合以外，女女组合的记载也可见于文献。前者的例子类似于《魏志·倭人传》记载的姬彦制，即卑弥呼和其弟的组合，而组合中的男女，实际上存在更多不同形式的角色

---

① 国造是古坟时代和飞鸟时代大和朝廷设置的地方官，根据《隋书·倭国传》记载，6 世纪末 7 世纪初大约有 120 位国造。国造在地方上拥有强大的势力，甚至可与朝廷抗衡。大化改新之后，国造的实际权力被剥夺，转而在祭祀方面发挥作用。——译者注

分配。

关于这一点，从事人类学人骨研究和考古学坟墓研究的田中良之为我们提供了颇具参考价值的研究成果。田中良之指出，古坟时代前半期（3～5世纪），在数人同葬的墓中，被葬者可以分为男女、男男、女女的组合（时有儿童同葬的情况）。这些同葬者是同代并有血缘关系的人，也就是说，基本上是"兄弟姐妹"关系，而非夫妻关系（『骨が語る古代の家族』）。可以说，尸首的埋葬不以夫妻而以同代异性或同性为基本单位。这恰好对应了上述文献关于同性、异性组合的文字记载。

这些事实反映出日本列岛女性首领的存在形式具有多样化特征。在此要稍做赘述的是，我们必须注意到统治形态并不仅限于男子负责政事、女子主持宗教这种单一的分治结构。

为了进一步考证女性首领存在的确切性，下葬女性的古坟亦可作为考察的线索。在围绕大和王权的历史传说中，有一段关于安葬"倭迹迹姬"的箸墓传说（《日本书纪》崇神十年条）。假如这段传说中出现的坟墓正是奈良县樱井市的箸墓古坟，那就意味着即便是安葬女性的坟墓，在当时同样出现了长达278米的大型前方后圆坟。当然，我们不能仅凭历史传说就去判断某个古坟中安葬的就一定是女性。要确认入葬者的女性身份，还必须发掘出女性的人骨。然而，可供我们考察的史料并不丰富。那么，历史传说中关于女性入葬者的相关记载，可以用作推断女性坟墓真实性的依据吗？关于这一问题，考古学界持何种观点呢？

## 女性首领和古坟

至今为止，已被确认为女性首领坟墓的古坟还为数不多。这是由于鉴定工作不能仅仅通过鉴定随葬品就得出结论，最终还要以出土的人骨为根据。

女性首领坟墓中，最著名的古坟是熊本县宇土市的向野田古坟，它是一座建造于 4 世纪后半期的前方后圆坟（全长约 86 米）。此处凝灰岩镂刻的舟形石棺中安葬的是一位年龄在 35 岁以上、50 岁以下的女性。据研究鉴定，这位女性曾有过分娩经历。另外，石棺内还置有内行花纹镜、方格规矩镜等三面铜镜，以及碧玉制的车轮石（手镯）、翡翠勾玉等佩饰（图 1-1）。石棺与石室之间放置着多把刀、剑（宇土市「向野田古墳の様相」）。

虽然性别得到判明的古坟入葬者为数不多，但女性坟墓的研究者们发现：随葬品中，武器、盔甲的放置存在男女性别之差。刀、剑、枪是男女坟墓随葬品中均有的物品，但盔甲和箭镞基本上仅随葬于男性坟中。换言之，盔甲和弓箭这些装备是男性的专属用品。并且在前期古坟

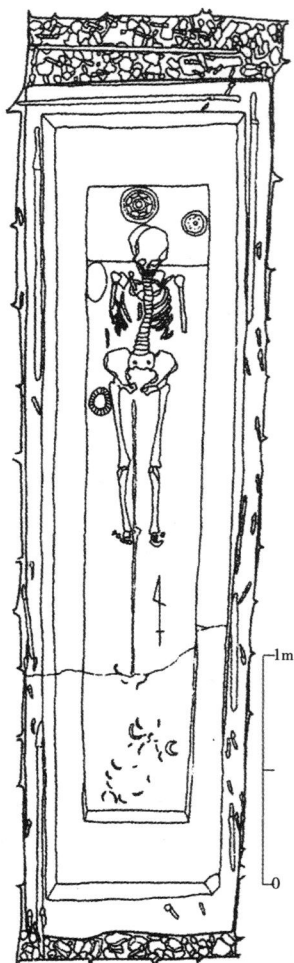

1m

0

**图 1 − 1　向野田古坟中女性人骨与随葬品的摆放情况**

\* 图片引自清家章『古墳時代の埋蔵原理と親族構造』。

中，女性入葬者的武器随葬品受到一定限制，没有出现具有"军事指导者"特征的女性首领。在中期，刀剑随葬品的数量也大为减少，至后期则被禁止。究其原因，是由于首领权力中军事职能的比重日益增加，而女性却越来越难充分地履行这一职责（清家章『古墳時代の埋蔵原理と親族構造』）。

古坟时代前期，女性首领出现在从小首领到盟主（郡级领域的首领）的不同级别中。但是到了中期，其人数开始减少，后期基本上已不被认可。隐藏在这一现象背后的原因是，大和王权的军事化属性和亲属关系向父系化发展。

田中良之的研究指出，从 5 世纪中期开始，统治阶层从以往的双边亲属关系（bilateral kinship，有人将此误译为"双系制"）向父系制关系过渡，到 5 世纪后期，这种变化同时扩展到农民阶层。清家章指出的女性首领减少的观点（『古墳時代親族構造の研究』），恰好与这一历史进程相吻合。可以说，不论是在考察大和中央王权问题之际，还是从父系制发展问题的视角而言，地域社会的发展动向都是必须予以重视的历史现象。

**女性首领的分娩与卑弥呼**

如上所述，卑弥呼是一位单身的女王，一生未育子女。而像推古天皇那样从"前皇后"或"原皇后"位置上即位的女帝们，在称帝后也没有再婚或生子（后述）。神功皇后同样以"前皇后（皇太后）"的身份执政，她也没有重新寻求配偶或生育子女。虽然文献中记载的"女性首领"中，有未婚者也有已婚者，但是她们的共同点是即位后都没有生育。那么被葬于古坟中的女性们的情况又如何呢？

根据古人骨的研究可知，妊娠会对女性的骨骼造成影响。具体而言，耻骨联合部背面的凹陷、髋骨（盆骨前壁和侧壁的骨骼）耳状面的前下部分的凹槽，就是伴随妊娠出现在女性骨骼上的特有生命迹象。如果这一结论无误，那么我们就能以入葬女性的骨骼为依据，解开其有无分娩经历等谜题。

从事生活活动遗迹研究的清家章指出，在古坟时代前期，从地方首领到底层长官的各个首领阶层中，都出现了具有分娩经历的女性首领。中期以后，女性首领则出现在下葬于中小规模坟墓的底层级别的首领中（前揭清家章著作）。此外，弥生时代的女性骨骼上也发现了因分娩而留下的痕迹。也就是说，一般的女性首领都曾有妊娠及分娩的经历。

如果这一研究成果反映的是当时一般女性首领的情况，那就意味着卑弥呼这样以单身状态在位的首领反而是特殊情况。换言之，自始至终单身的卑弥呼之所以没有像其他地方女性首领那样怀胎生子，是缘于特殊的政治情况。从这一点也可知，将女性首领的存在与姬彦制中的圣俗分治问题简单联系到一起的思路是存在问题的。

清家章指出，一味评价女性首领在祭祀方面的职能会有失偏颇。实际上，男女首领都在祭祀方面发挥了自身的作用。在古坟时代，女性首领以及女性家长在保持其社会地位的同时，还经营着自己的婚姻生活。但是，男性和女性首领在军事权力、能力上有着决定性的差距，这成为左右女性首领兴衰的关键。至古坟时代中期，与军事权力联系较弱的女性首领逐渐走向衰落。

即便自然人类学（又称体质人类学）中人骨妊娠痕的观点存疑，考虑到古坟时代前期以前的日本列岛还处于双边亲属关系社会这一情况，我们也可做出推断，作为社会体系的产物，女性首领与她们生育的现象并存并非无稽之谈。自古坟时代中期起，日本社会的上级阶层出现父系化现象，其主要原因大概是男女在军事方面的性别差异。

此外，埴轮①人像为我们提供了具体了解首领形象的考察资料。例如，在群马县观音山古坟埴轮群列中出土的一组包括一名男性首领的埴轮群（图1－2）。

---

① 4～7世纪，放置于古坟之上及其周围的素陶制品。——译者注

**图 1 - 2　出土于观音山古坟的埴轮群（日本文化厅保管）**

＊ 左侧为男性，右侧为女性（照片由群马县立历史博物馆提供）。

　　这一男性首领的人像被很好地修复了。可见其头发结成角发并垂至肩部，还戴着一顶帽子。腰带四处挂着铃铛，腰前佩有大刀，呈盘腿状坐在台座上。与其相对而坐的人像为女性，侧面的三个童女做拱手状。这尊人像的背后放置着三尊身背箭筒的男性人像（『綿貫観音山古墳Ⅰ』）。研究指出，这种人物埴轮的放置样式体现出与其他各个古坟相同的特点。它展示了首领被侍奉时的一个场景，不过究竟是首领的继位仪式还是葬礼，其确切内容还有待进一步考察。令人遗憾的是，人物埴轮出现于 5 世纪前半期，当时首领阶层已经向父系制方向发展。因此，女性首领的人物埴轮在今后出土的可能性恐怕是微乎其微的。

# 第二章　女帝的诞生

## 1　大和王权的王位继承

### 大和王权与王宫

在第一章中，我们参考《古事记》《日本书纪》的内容展开了叙述，接下来我们将重新围绕大和王权的问题来讨论。大和王权的由来和正统性是在《古事记》《日本书纪》中得到确立的，它为 7 世纪后半期律令制国家的形成提供了历史前提。

《古事记》《日本书纪》所采用的编纂材料为《帝纪》《旧辞》。据推测，其中《帝纪》记载了以下六项内容：（1）王与先王的继承关系；（2）王的名字；（3）所居王宫和统治年份；（4）妃、儿女的情况；（5）王位继承的相关情况以及对王的重要事迹的简单记述；

（6）王墓。

关于这本《帝纪》，我们根据埼玉县行田市稻荷山古坟出土的一把刻有"辛亥年"的金错铭铁剑推测：在 5 世纪后半期，很有可能存在《帝纪》的原型，即《原帝纪》的部分内容（吉村武彦『ヤマト王権』）。

在《原帝纪》中，崇神天皇的称号被记为"はつくにしらすスメラミコト"，意为"最初统治此国的天皇"。虽然很难算出精准的历史年份，但根据被推断为崇神陵古坟的行灯山古坟的建造年代，我们可推测出大和王权成立的时期应在 4 世纪前半期。也就是说，大和王权是一个始于 4 世纪前半期并一直发展到律令制国家形成的 7 世纪后半期的悠久政权。

接下来，我们要探讨的是王即位后的统治场所——王宫。《古事记》中对崇神天皇有如下记载：

御真木入日子印惠命，坐师木水垣宫，治天下也。

除了神武天皇史以外，所有天皇史的篇章都以"坐×××宫，治天下"开篇。这确切反映出宫名为"×××"的王宫乃行政场所，以及政事行于王宫的传统。也就是说，这明确表述出王的统治是在王所居住的王宫展开的。有部分考古学者不认同王宫的重要性，而以其去世后入葬的王墓为线索进行王权研究。在此，笔者仅想指出，《古事记》的记载早已清楚地表述了王宫的重要性，从王墓的立场来论断王权的观点是不成立的（详细内容请参照吉村武彦『ヤマト王権』）。

另外，古代国家确立的必要条件还有官僚制机构的统治和政务运营。上文曾提到一把制造年代为 5 世纪后半期的金错铭铁剑，根据它的铭文"获加多支卤国大王寺，在斯鬼宫时，吾左治天下"可知，当时王宫（斯鬼宫）内设有名为"寺"的政府设施。文中的"吾"是一个名叫"乎获居"的人。铭文中还有"乎获居"以"杖刀人首"的身份在那里为王效力的文字。"杖刀人"是指"手持刀"的武官，从"首"的称谓可知，当时还设置了杖刀人集团首领的职位。

根据上述内容可知，在当时的日本列岛，王即位后的宫殿为国家的政治中枢，同时王宫内还设置了政府设施或官僚制机构。如"历代迁宫"一词所总结的那样，伴随着王的更替，王宫也会不断被迁至新的地方。

### 王位继承与弑兄的历史传说

接下来，我们再了解一下王权的构造。当代天皇制的框架中的"天皇、皇后、皇太子"称号，是在持统三年（689）实施的《净御原令》的基础上被制度化的。但是

**古代日本的女帝**

关于天皇称号成立的时间问题，虽然天武朝之说较为有力，但也有观点认为是在推古朝。

众所周知，日本的君主为天皇，其嫡妻为皇后，皇太子为唯一皇嗣（皇位继承人选）。《净御原令》颁布以前，相当于皇后的"キサキ"常被尊称为"大后"，皇嗣被称作"太子（ひつぎのみこ）"。即使天皇称号在推古朝就已经成立，但它与"天皇、皇后、皇太子"结构中的"天皇"是否具有相同职能却不得而知。

在此简单回顾一下大和王权的王位继承史。之所以要把握其特征，是因为女帝的诞生也是其中的历史一幕。首先，我们从大和王权初期的王位继承问题入手。

《古事记》关于景行天皇的记载中，有以下文字：

> 凡大带日子天皇（景行天皇）御子等，所录二十一王，不入记五十九王，并八十王之中，若带日子命（之后的成务天皇）与倭建命（日本武尊）亦五百木之入日子命，此三子王，负太子之名。

在众兄弟姐妹之中，一共可见三位男性的"太子"名。此处的太子，指有可能继承王位的候选者。

也就是说，不同于律令制中的皇太子，当时曾经存在多位王位继承者。但这一时期是否存在某种相当于"太

子"的称号?"太子"是否像奈良时代那样读作"ひつぎ
のみこ"①?记载中的人物是否属实?这些问题都尚待考
证。总之,这段文字产生的背景是大和王权的传承史中曾
有一段时期存在数位王位继承者,并且不难推测他们之间
为兄弟关系。这里值得注意的是,继承者中没有一位是
女性。

数位王位继承者的出现必然会引发种种争端。因此
《古事记》《日本书纪》所记载的"弑兄"传说是带有一
定现实意味的。如下文所述,大和王权初期,王位的传承
在兄弟之间进行,并非由长子继承。

例如允恭天皇,他与皇后忍坂大中姬育有九个儿女:
①木梨轻皇子;②名形大娘皇女;③境黑彦皇子;④穴穗
天皇(之后的安康天皇);⑤轻大娘皇女;⑥八钓白彦皇
子;⑦大泊濑稚武天皇(之后的雄略天皇);⑧但马橘大
娘皇女;⑨酒见皇女。

其中被立为太子的是长子①木梨轻皇子。但是,由于
他与同胞妹妹⑤轻大娘皇女私通,因此在允恭天皇逝后未
能得到群臣的支持。于是,木梨轻皇子便向众臣拥护的
④穴穗天皇发起了挑战,谁料适得其反,被逼上了自尽的
绝路。最终即位的是④穴穗天皇(安康天皇)。年长于

---

① 日语发音为 hituginomiko。——译者注

④穴穗天皇的，除了①木梨轻皇子，还有③境黑彦皇子。由此可知，皇位继承并不一定是按兄弟长幼的顺序。

另外，安康天皇最终被眉轮王刺杀，这位眉轮王的父亲木梨轻皇子是被安康天皇杀害的。⑦大泊濑稚武天皇（雄略天皇）怀疑两位兄长即③境黑彦皇子与⑥八钓白彦皇子参与了这一事件，于是将二人杀害，接着登上了皇位。这段历史记载中没有出现"太子"二字，皇位没有遵循兄弟长幼顺序传承，而是由第五皇子雄略天皇继承了。

如上所述，《日本书纪》记录了多位太子或后继者争夺王位的事件。此外还需考虑到的是，在一夫多妻制的背景下，不仅同胞兄弟之间会彼此角逐，异母兄弟之间亦可能发生争端。《古事记》《日本书纪》中有不少关于这些爆发在世代更替之际的王位之争的记载，这影射出大和王权史中实际上还有过更多的血雨腥风。

## 大和王权的王位继承

接下来要考察的问题是应神天皇之后的皇位继承特点，此处的天皇系谱以《帝纪》为本。首先请参阅天皇系谱图（图2-1）。

观察系谱图可知，在男天皇继承皇位的历史中，到清宁天皇为止，都先由皇子（以天皇为父的一世王）即位，

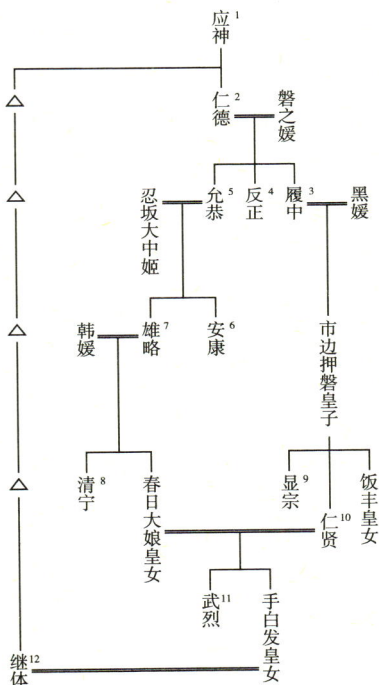

**图 2-1　根据《日本书纪》所制天皇系谱图（应神天皇以后）**

　　* 数字表示天皇的即位顺序，系谱的人物排列顺序优先考虑婚姻关系，人物年龄为次要因素。兄弟姐妹的排列亦遵循此规则（如下系谱图与此相同）。

　　继而再由其兄弟继承皇位。此处应注意的是，到仁贤天皇为止，兄弟间的皇位继承仅限于同胞兄弟。仁德天皇与出身葛城系的磐之媛结合后，生下了履中、反正、允恭三位天皇。而如下文所述，继承了允恭天皇皇统的是安康、雄略两天皇。雄略天皇与韩媛诞下了清宁天皇，韩媛大概出身于葛城系，清宁天皇则无子嗣。因此，履中天皇之孙——亿计王（之后的仁贤天皇）和弘计王（之后的显宗天皇）便成了下代天皇的人选。但是，据《日本书纪》记载，二人相让皇位，结果由饭丰皇女"临朝秉政"。本书第一章第三节"饭丰天皇的周边——饭丰皇女"对此略有叙述。继弟弟之后即位的仁贤天皇，与雄略的皇女——春日大娘皇女诞下了武烈天皇。至此，皇位继承者都为一世王和二世王。另外，如果不考虑天皇没有子嗣的情况，皇位继承权仅属于皇子（一世王）的这一观点也是可以成立的（水谷千秋『継体天皇と古代の王権』）。此外，皇室多与其他氏族联姻，即多有外婚现象也是皇室系谱的特点之一。

然而，武烈天皇亦无子嗣。于是，武烈天皇去世后，由"应神天皇五世孙"继体天皇继承皇位。那么，该如何理解此处的"五世孙"呢？《大宝令》中的《继嗣令》规定"自亲王五世，虽得王名，不在皇亲之限"（皇兄弟子条），五世王是被划分在皇亲范围之外的。不过，至庆云三年（706）二月，朝廷颁布了一部明确五世王皇亲身份的法令。由此可知，在《日本书纪》编纂（720 年）以前，人们很可能就已经认可五世王是皇亲了。也就是说，"应神天皇五世孙"这一用语隐含了人们认可继体为皇亲的意识。

继体天皇的父方、母方家族分别以近江的高岛（现滋贺县高岛市）和三国的坂中井（现福井县坂井市）为根据地。即便五世孙是事实，也是相当远的血脉了，实际上可以说是新的王统。继体天皇即位后，从河内的樟叶宫先后迁居至山背的筒城宫和弟国宫，最后又迁都至大和的磐余。迁都年份为继体二十年（《日本书纪》正本）抑或继体七年（《日本书纪》异本）。七年之说应较为妥当。但不论是前者还是后者，迁都大和所耗费的年月时日，无疑都是相当漫长的。

继体天皇虽早已有配偶，即尾张草香之女目子媛（目子郎女），二者所生之子先后即位，成为后来的安闲、宣化两天皇，但他又将仁贤天皇之女即手白发皇女迎为"大后"。这一举动含有他为弥补自己五世孙身世的弱点、试图强化与大和王权之间纽带的意图。另外，手白发皇女去世后下葬的墓地即西山塚古坟（宫内厅指定的西殿塚古坟为3世纪后半期的古坟，与手白发皇女的生活年代不吻合），位于大和古坟群。经考证，这一古坟群为原大和地区。墓地的这一位置彰显出她与大和王权之间的紧密关系（白石太一郎『古墳とヤマト王権』）。

另外，手白发皇女被立后时，天皇命其"修教（政事）于内"（继体元年三月条）。此处的"教"大概指教化方面的政事，敕命强化了皇后的权力和职能。由此可

**古代日本的女帝**

见，继体天皇和手白发皇女之间的联姻不仅增强了继体天皇的王权正统性，同时也提高了皇后的地位。

接下来，我们讨论继体天皇之后的皇位继承特点（图 2-2）。根据《日本书纪》可知，到用明天皇为止，天皇的生母及后妃有以下几点特征。

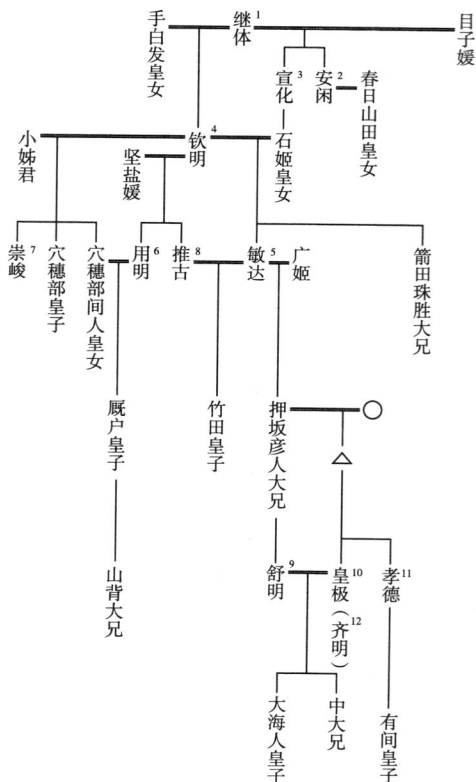

手白发皇女　继体[1]　目子媛
宣化[3]　安闲[2]　春日山田皇女
小姊君　钦明[4]　坚盐媛　石姬皇女
崇峻[7]　穴穗部皇子　穴穗部间人皇女　用明[6]　推古[8]　敏达[5]　广姬　箭田珠胜大兄
厩户皇子　竹田皇子　押坂彦人大兄　○
山背大兄　舒明[9]　皇极[10]（齐明[12]）　孝德[11]
大海人皇子　中大兄　有间皇子

图 2-2　根据《日本书纪》所制天皇系谱图（继体天皇以后）

（1）生母为皇女的钦明天皇、敏达天皇，其子嗣都形成了各自的皇位继承体系。

（2）生母为尾张氏或苏我氏的天皇（安闲、宣化、用明），其子嗣无皇位继承权。

（3）除了崇峻天皇以外，天皇一律迎娶了皇女。

以上这些特点由河内祥辅指出（『古代政治史における天皇制の論理』）。但是，这些特点仅仅是那一时期形成的惯例，因此不能被定性为"天皇制原理"。另外，河内祥辅虽然总结了从仁贤天皇到舒明天皇即6世纪以后天皇的特征，但在仁贤天皇之后即位的武烈天皇不符合上述特征。此外，崇峻天皇的情况也和诸天皇大有不同。虽然其符合第（2）条内容，但是在第（3）条中，他是被当作例外看待的。笔者认为，在总结特征时，最好不要涵盖特例。鉴于这些，我们可将特征（1）～（3）概括为"继体朝至用明朝的惯例"。

另外，就历史事件的关联性而言，崇峻天皇被弑事件推动历史进入了一个新的阶段。在这一转折点上，女帝推古天皇登上了历史舞台。换言之，这次弑帝事件成为一种催化剂，推动皇位继承机制中其他要素发生化学反应。就这样，在大和王权的历史上，皇位继承机制首先在被称为"应神五世孙"的继体天皇时代发生改变，继而在崇峻、推古两天皇时期又开启了一段新的里程。

## 皇位继承人选——从大兄到太子

继体天皇之后的皇位继承史还呈现另一个特点。细阅系谱图可知，一些皇子的名中有"大兄"二字。"大兄"的名称和皇位继承资格相关，而继承资格则以其与天皇的关系为基准。接下来，我们就探讨这一问题。

继体天皇与第一位妃即尾张草香之女——目子媛所生的皇子，名叫勾大兄。"勾"为大和地名（大约在现奈良县橿原市曲川町），问题在于"大兄"这一名称。勾大兄即位后，汉风谥号为安闲天皇。安闲天皇之后，由同母弟继承皇位，即宣化天皇。皇位在兄弟间传承的原理依旧发挥作用。

之后的钦明天皇与安闲、宣化两天皇为异母兄弟。至今，我们尚未发现记录钦明天皇有"大兄"之名的历史文献，但钦明天皇与宣化天皇之女——石姬皇女所生的长子，叫作箭田珠胜大兄。不过，钦明天皇还在世时，箭田珠胜大兄就早先一步离世了。因此，钦明天皇逝后，由箭田珠胜大兄的弟弟继承了皇位，即敏达天皇。接着，敏达天皇的异母弟——大兄皇子即位，用明天皇诞生。钦明天皇的皇子——敏达、用明、崇峻相继登上皇位，三人的关系为异母兄弟。除他们以外，历史上还有多位皇子名中有"大兄"二字。另外，崇峻天皇也并非"大兄"。

从上文列举的史实来看，"大兄"的定义可总结为：天皇或可能成为天皇的皇子（例如厩户皇子）的长子（崇峻天皇不是长子，因此无大兄之名）。"大兄"的创制，意味着世代交替之际皇位继承方法的形成，即天皇的长子与生俱来拥有即位的优先权（井上光贞『天皇と古代王権』）。附带提及一点，大兄皆为男性，不存在女性大兄。

大兄制度之所以在这一时期被创立，要归功于被称为"应神五世孙"的缺乏皇亲正统性的继体天皇。为了预防兄弟间围绕皇位产生纷争，他力图创立一种更为安定平稳的皇位继承机制。参照考古学的研究可知，共同体首领地位的传承从 5 世纪后半期起逐渐呈现父系化的特征，大兄制的出现也与此有一定的关联（田中良之『古墳時代親族構造の研究』）。

就这样，继体天皇当政时期，"大兄"这一新的皇位继承机制诞生了。对于大兄制作为一种制度的意义，后来的研究者中也有人提出质疑。但是可以肯定的是，大兄制在皇位继承方面发挥了有效作用。至少，"弑兄"这种骨肉相残的现象消失了。但是，围绕皇位继承的斗争却不会因大兄制的诞生而停止。在一夫多妻的后宫制度之下，每位后妃都会诞下"大兄"，因此，围绕即位的政治斗争依然随时可能发生。

为化解这一矛盾，在出现数位大兄并存的情况时，只要制定出从诸大兄中甄选出一位来继位的机制即可。也就是说，将皇位继承资格固定赋予某一个特定的大兄，问题便能迎刃而解。于是，册立一位大兄为太子的制度便产生了，它的确立时期接近推古朝。

但是这并不意味着从推古朝起，立太子一事就被承袭下去，当时其尚未被制度化。大化改新之后，自孝德朝开始，指定太子的现象变得普遍，"皇太子"称号在《净御原令》中被制度化。也就是说，太子制确立于大化改新之后，推古朝前后则是大兄制向太子制过渡的时期。换言之，从 6 世纪前半期到大化改新，大兄制在日本实行了大约一个世纪（直木孝次郎「厩戸王子の立太子について」）。

如上所述，继体天皇创立的大兄制曾是一种全新的皇位继承体制，在天皇史上具有划时代的意义，它的历史脉搏一直持续到了中大兄（天智天皇）即位前后。

另外，大兄制之所以会在这一时期退出历史舞台，其原因在于古人大兄和中大兄的同时登场。古人大兄，别名古人大市皇子，为舒明天皇与苏我法提郎媛所生。中大兄别名葛城皇子，为舒明天皇与宝皇女（即后来的皇极天皇、齐明天皇）所生。大化改新之后，出家并退隐于吉野的古人大兄被扣上了企图"谋反"的罪名，为中大兄所杀。在仅册立一位皇储的太子制还未确立的历史阶段，诸如此类围绕皇位继承的斗争从来未曾销匿。

**如何选立新帝？**

在上文中，我们阐述了有关皇位继承者的研究成果。不过，涉及的仅是皇位继承者的资格条件，即关于皇储的问题。王或天皇由谁选定，即选立程序的问题还未被触及。

关于新帝如何选立以及即位的程序，可通过舒明天皇的例子略窥一斑。

> 大臣及群卿，共以天皇玺印献于田村皇子。则辞之曰："宗庙重事矣。寡人不贤，何敢当乎。"群臣伏固请曰："大王，先朝钟爱，幽显属心，宜纂皇综，光临亿兆。"即日，即天皇位。（舒明元年正月条）

如上所述，田村皇子在由大臣、群卿献上"玺印"（天子之印）之后即位。玺印是象征王位的宝器。而这一仪式，便是先帝去世后群臣推举新帝的程序。简言之，新帝的选立建立在群臣推举的基础之上。

其次，新帝即位后，会进行以下活动。

> 命有司，设坛场于磐余瓮栗，陟天皇位，遂定宫
> 焉。尊葛城韩媛为皇太夫人。以大伴室屋大连为大
> 连，平群真鸟大臣为大臣，并如故。臣、连、伴造
> 等，各依职位焉。（清宁元年正月条）

也就是说，清宁天皇即位后，诏令大伴室屋大连和平
群真鸟大臣留任原职，并对臣、连、伴造等职位的任命进
行了确认。不过，据"以物部弓削守屋大连为大连如故。
以苏我马子宿祢为大臣"（敏达元年条）的记载可知，除
了留任旧臣之外，清宁天皇还任命了新臣。

关于大臣、大连这两个职位，人们曾认为它们是
"世袭执政官"，但实际上并没有世袭制度。凡逢皇位更
迭之际，新天皇都要按惯例对大臣、大连等群臣进行任
命（再任、新任）。也就是说，群臣的职位都要由新帝
来任命。

像这样，天皇世代交替之际实行的是一种由群臣推
举新帝、再由新帝留任或新任群臣的程序。换言之，拥
有任命权的天皇和群臣之间是一种唇齿相依的关系。不
过，在之后的律令官僚制背景下，即便发生皇位更替，
左右大臣、大纳言等朝臣的地位都是照旧不变的。相较

于律令法，此时新帝任用官僚的原理呈现了显著不同的特点。

这一制度一直延续到皇极天皇在大化改新中禅让、孝德天皇登基为止。当时凡选立新天皇都必须例行这一程序。而这一选立程序运作的产物之一，便是女天皇的诞生。

## 2　从弑杀天皇事件到女帝的诞生
### ——推古天皇

### 暗杀崇峻天皇

在大和王权中，推古天皇是第一位身份确凿的女天皇。鉴于其女帝第一人的身份，我们可回溯到她即位前的政治局势，由此展开对女帝诞生原因的探索。

在从 6 世纪前半期的继体朝至钦明朝期间，大和王权的职能组织——部民制的基本框架确立，氏姓制度开始施行（例如物部连守屋，"物部"为氏，"连"为姓，"守屋"为个人名）。钦明朝期间，作为对日本提供军事援助的回馈，百济将佛教传入日本（佛教公传①）。钦明天皇

---

① 　日本将佛教通过国家外交正式传入的形式称为佛教公传。——译者注

去世后，他与宣化天皇之女石姬皇女所生的皇子即位，即敏达天皇。

敏达天皇即位后，诏令物部守屋留任大连，并新任苏我马子为大臣。这一时期，留任大连一职的守屋氏的政治势力应处于上风。

接着，敏达六年（577）设立"私部"。而恰好在此前的一年，额田部皇女（之后的推古天皇）被册立为皇后。私部的设置应与强化皇后地位的目的有关。此前，例如安闲天皇曾为皇后（春日山田皇女）设置"春日部"，天皇为各位后妃分别设置的"部"被称为"名代"。但是，"私部"是一个负责供给整个后妃体系的"部"。在中国，供养后妃的官司被称作"私官"，因此"私"字大概模仿了中国的官司名。"私部"的设置，不仅巩固强化了后妃的地位，同时还推动了后宫组织的整治和完善。

另外，"壬生部"（亦写作"乳部"）是为专门供养皇子、皇女设置的机构，与私部也有一定关联。它设置于607年（《日本书纪》推古十五年条），稍晚于私部。抚养皇子皇女组织的确立，反映出宫廷组织机构正日益走向完善。

敏达天皇去世后，即位的是用明天皇。用明天皇是钦明天皇与苏我稻目之女坚盐媛所生的长子（大兄皇子）。在此，以苏我氏为母的天皇第一次登上了历史舞台，苏我氏的势力终于凌驾于物部氏之上。用明朝时期，苏我氏与物部氏、中臣氏之间曾围绕佛教的兴废展开过长期的激烈斗争。双方的争端从佛教传播的问题逐渐激化为新兴的苏我氏和古老的伴造系氏族（包括物部氏、中臣氏）在政治立场上的针锋相对。

用明二年（587），用明天皇罹病（可能为天花），向文武百官表明了皈依佛教的愿望。物部守屋和中臣胜海双双反对，苏我马子则表示赞成。此后，苏我氏与物部氏之间的矛盾终于发展为武装对峙。

用明天皇逝后，苏我马子拥戴额田部皇女即位，并诛杀了穴穗部皇子（钦明天皇与苏我稻目之女即小姊君之子）和宅部皇子（可能为宣化天皇之子），物部守屋曾试图将这两位皇子推上皇位。在此要注意的是，苏我马子支持的不是用明天皇的皇后——穴穗部间人皇女，而是敏达天皇的皇后——额田部皇女。这两位皇女的生母虽然都出自苏我氏，但被苏我马子看中的是用明天皇的同胞妹——额田部皇女。或许是因为苏我马子认为后者更具备应对重大政治局面的丰富经验。三个月后，苏我马子率领泊濑部皇子（崇峻天皇）、竹田皇子、厩户皇子（圣德太子）等与物部氏交战，物部守屋兵败身亡。

继而即位的是用明天皇的异母弟——崇峻天皇。即位后，崇峻天皇诏令苏我马子留任大臣，但没有设置大连一职。自此，大臣大连制消亡，大臣一职独存。崇峻

**古代日本的女帝**

朝时期国内政治平稳，未发生重大事件。而就在这一太平时期，据说某日宫中进献来一头猎于山中的野猪，崇峻天皇口出不逊，借山猪对苏我马子指桑骂槐①。听闻此事后，苏我马子便着手筹备暗杀天皇的计划，他诈称举行"进东国之调"的仪式，命令手下的东汉驹借机杀死崇峻天皇。当时日本惯行的是终身王位制，禅让方式还未被采用。要迫使天皇退位，唯一的方法就是弑帝。

弑帝事件中出现了"东国之调"，它是指东国为表明政治上服从于大和王权而进献的贡品。按照惯例，威仪天下的天皇及大臣都要出席这一进贡仪式。

弑帝事件极大震撼了大和王权的根基。实际上，在此前也发生过一起弑帝事件，也就是上文提及的眉轮王刺杀安康天皇的事件，在眉轮王幼时，其父被安康天皇杀害。如果这一历史传闻属实，那么崇峻天皇则是第二个被弑杀的天皇。但是光天化日之下，朝臣豪族明目张胆地在举行政治典礼的场所将天皇弑杀，即崇峻天皇被弑事件恐怕是史上绝无仅有的。因此，从政治影响而言，它的重大程度不是眉轮王事件可同日而语的。王权

---

① 《日本书纪》中的相关记载为："五年冬十月癸酉朔丙子，有献山猪，天皇指猪诏曰：'何时，如断此猪之颈，断朕所嫌之人。'多设兵仗，有异于常。"——译者注

在这一时期面临着前所未有的巨大政治危机。并且继钦明天皇去世，其子敏达、用明、崇峻三兄弟相继即位之后，同代皇族中就再也没有可以继承皇位的男性后嗣了。

那么，在天皇被弑这一异常的政治形势之中，历史的齿轮是如何转动的呢？

## 崇峻天皇暗杀事件后的皇位继承者

在此，让我们回顾一下选立新帝的程序。如上所述，新天皇要由群臣推举产生。而推举哪一位候选人，则全部取决于群臣意向。在这次弑帝事件造成的乱局之下，完全有可能出现一个新的选帝规则。但是，就当时群臣的情况而言，有一个重要的事实横于眼前，即弑帝事件的主谋——苏我氏的力量是他们无法忽视的。如果沿袭6世纪以后的皇位继承法，理应按照"（2）生母为尾张氏或苏我氏的天皇，其子嗣无皇位继承权"来行事。然而，进入苏我氏的时代，事情就很难再遵循惯例了。

当时皇位继承条件中还有一个年龄限制的问题。据《古事记》《日本书纪》记载，在持统天皇以前，除了武烈天皇10岁、安宁天皇（缺史八代中的天皇，其真实性存疑）29岁即位以外，天皇的即位年龄都在30岁以上（村井康彦「王権の継受」）。由于无法根据《古事记》

**古代日本的女帝**

《日本书纪》精准地推算出人物的实际年龄，以下所列数字为大致年龄。从继体天皇到持统天皇，他们的即位年龄如下：

　　30～40岁　　钦明（31）、敏达（35）、<u>推古</u>（39）、舒明（37）

　　40～50岁　　用明（46）、崇峻（45）、<u>皇极</u>（49）、天智（43）、天武（44）、持统（46）

　　50～60岁　　继体（58）、孝德（50）

　　60～70岁　　安闲（66）、宣化（69）、<u>齐明</u>（重祚62）

　　（下划线处为女帝）

　　钦明天皇即位时曾这样自我评价道："余，年幼浅识，未闲政事。"除了这位钦明天皇以外，其他天皇的即位年龄均在35岁以上。从对大和王权君主统治能力的要求来考虑，这一年龄条件显得合情合理。

　　崇峻天皇被暗杀后，钦明天皇的皇孙一代就成了有力的皇位继承人选（参照图2-2）。首先是敏达天皇第一位皇后所生之子——押坂彦人大兄。押坂彦人大兄还有"太子彦人大兄"（用明二年四月条）、"忍坂日子人太子"（《古事记》）等汉字表记方式。如果这些表记无误的话，他应当是用明天皇时期的太子。但是，用明天皇当政时间仅为两年，用明天皇去世后，押坂彦人大兄是否仍为太子尚待考证。原因在于，押坂彦人大兄不是苏我氏系的皇子，而这种出身是难以得到苏我氏支持的。

其次有竹田皇子，他由敏达天皇与后来成为皇后的额田部皇女所生。再者还有用明天皇之子——厩户皇子。也就是说，共有三人可继承皇位。三人中，押坂彦人大兄和竹田皇子在用明二年（587）物部守屋举兵时，曾被举兵响应物部氏的中臣胜海施术诅咒。由此可知，他们是极具竞争力的皇位继承人选。

关于崇峻天皇被暗杀时三人的年龄，除厩户皇子被推断在 19 岁左右以外，其他二人情况不详。关于竹田皇子，如果他是额田部皇女在 18 岁成为敏达皇后以后所生，那么他的年龄应在 17 岁以下。而押坂彦人大兄如果是敏达天皇册立的第一位皇后所生，那么年龄应在 18 岁左右。但他也很可能出生于母亲被立为皇后之前。然而，押坂彦人大兄在《日本书纪》用明二年四月条之后便销声匿迹了，他极可能死于崇峻天皇即位前后。

虽然不能确定三人的年龄，但三人很可能都在 30 岁以下。并且，从皇室系谱来看，厩户皇子的生母是穴穗部间人皇女（用明皇后），竹田皇子生母是额田部皇女（敏达皇后），二者都是苏我系的皇子，只有押坂彦人大兄例外。如果按照群臣推举天皇的惯例，那么毋庸置疑，苏我系的皇子最具得天独厚的优势。

## 推古天皇即位

在这样的政治背景下，登上皇位的却是推古天皇。她是大和王权历史上首位身份确凿的女天皇。对于这一历史结果，应如何理解把握呢？接下来，我们试用演绎法来探索这个问题。

如上所述，钦明天皇面对群臣奏请其即位时，回应道"余，幼年浅识，未闲政事。山田皇后，明闲百揆。请。就而决"，不但提出了自己年龄尚轻的问题，还向群臣举荐了安闲天皇的皇后——春日山田皇后。但是，春日山田皇后以"万机之难，妇女安预"为由，执意回绝了即位的举荐。于是钦明天皇才即位称帝。如果这段记载属实，那么这就意味着一个先例的诞生，即曾为皇后的女子被列入有力的皇位继承人选。

如上所述，由于存在即位的年龄标准，厩户皇子、竹田皇子、押坂彦人大兄三人都达不到 30 岁以上的即位条件。假设由年轻的后嗣即位，那么对其而言，要打破弑帝事件之后的政治困局无疑是一条艰险之路。并且，弑帝事件的主谋不是他人，正是苏我马子。在选立新帝的群臣中，苏我氏的势力是占有绝对优势的。那么，新帝人选自然必须与苏我氏之间拥有紧密而坚固的纽带。

另外，之前的研究已指出，推古天皇即位是为了避免有力的皇位继承者之间发生争斗。弑帝事件发生不久后的政局面临危机，同时又有几位年轻皇位继承者并存。因此，当群臣推举新帝之际，理所当然会要求天皇人选具备能够处理好这一局面的资质。

接着，我们再将目光投向当时额田部皇女的政治动向。首先，围绕她发生了以下事件。其夫敏达天皇去世后，觊觎皇位的穴穗部皇子在敏达天皇的殡宫企图对额田部皇女实施强暴（敏达十四年八月条、用明元年五月条）。这是一件令人匪夷所思之事，其原因可能是穴穗部皇子想通过与正在为敏达天皇守灵的额田部皇女发生肉体关系为自身赢得即位的有利条件。而且，穴穗部皇子或许判断额田部皇女是新天皇推举环节中的关键人物。

之后，额田部皇女参与了刺杀穴穗部皇子的行动。接着，她又在物部守屋被斩杀、用明天皇早逝后，协同众臣将崇峻天皇推上了皇位（崇峻元年八月）。就这样，原敏达天皇的皇后——额田部皇女在敏达天皇逝后，与苏我马子携手合作，扮演了一个重要的政治角色。《日本书纪》的这些记载是否全部真实可信尚待考证，但是，额田部皇女居皇后之位时就表现出了卓越的政治能力，这一点是毋庸置疑的。《日本书纪·推古即位前纪》记载其"姿色端丽，进止轨制（行为合乎规范）"。这些文字虽有借《后汉书》润色的痕迹，但也确有符合历史真相的可能性。

之后，在以苏我氏为首的群臣拥戴下，额田部皇女登上了皇位。

## 推古天皇的人物特点

推古天皇原先被称为额田部皇女。这一名字的由来，抑或源于她曾被额田部抚养的身世，抑或因为她对名代即额田部部民的所有权。额田部氏是一个以额田部丘陵为据点的豪族。额田部丘陵位于奈良盆地的中央、飞鸟川和富雄川交汇处附近（图 2-3），处于斑鸠寺（若草珈蓝）和斑鸠宫所在的斑鸠地区的东南方，在它与斑鸠地区之间是川流不息的富雄川。额田部氏在外交方面也十分活跃。由名称可知，推古天皇与额田部氏族之间渊源颇深。

钦明三十二年（571），额田部皇女被之后的敏达天皇迎娶为妃；敏达五年（576）皇后广姬去世后，她被册立为皇后。从她在敏达天皇去世后活跃的政治行为来看，她在敏达去世前就已经行使了一定的政治权力，这一点在

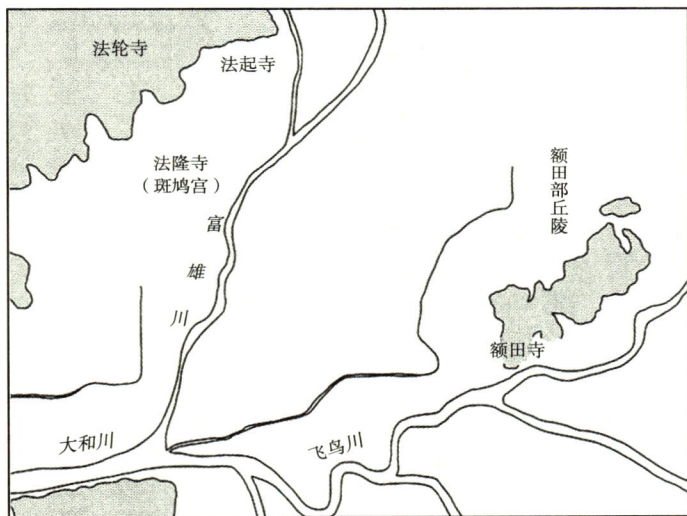

图 2-3　斑鸠、额田部丘陵地图

上文中已有叙述。

　　不过，关于皇后政治权限的具体内容，目前尚不明确。可列举的史料都来自推古天皇以后的时代。例如关于天武天皇的皇后——鸬野皇后（之后的持统天皇），史书记载"皇后，从始迄今佐天皇定天下，每于侍执之际，辄言及政事，多所毗补"（持统称制前纪）。另外，天武天皇晚年罹病时，下诏"天下事，不问大小，悉启于皇后及皇太子"（朱鸟元年七月），持统天皇就是基于这一诏书来号令天下的。而额田部皇女的言行事迹，可以看作这段历史的前史。

如上所述，推古天皇即位的第一要因，是钦明天皇皇孙一辈的男性继承人都年纪尚轻。推古天皇与非苏我氏系的敏达天皇诞有竹田皇子。然而，似乎因为竹田皇子体弱多病，推古天皇即位后，厩户皇子被立为太子。这一时期，太子之位不会随皇位的更迭而每每重新册立。册立厩户皇子，大概是考虑到推古天皇去世后的情况而做出的人事安排。但事实上，厩户皇子在推古天皇在世时便撒手人寰了。于是，历史的轨道转向了另一个方向。此外，推古天皇还将她的女儿分别嫁给厩户皇子、押坂彦人大兄以及田村皇子（舒明天皇），期望以皇女为媒介来为下一代男性皇位继承者保驾护航，其思虑可谓深远而周到。

此外还要附带提及的是，推古天皇与竹田皇子之间的母子之情深厚，推古天皇还留下遗命，死后"便宜葬于竹田皇子陵"。现奈良县橿原市五条野町的植山古坟中的两间石室，极可能就是竹田皇子与推古天皇最初的墓室，其遗命得到了如实的贯彻。不过后来，她被改葬到了河内的科长（原河内国石川郡、现大阪府太子町）。

推古天皇的和风谥号叫"丰御食炊屋姬"。如前所述，它与"饭丰皇女"的称号有共通之处（第一章第三节）。人们推测，这大概与某种宗教祭祀仪式有一定的关联。然而，抱有单身意识的饭丰皇女和生有子女的推古天皇在人生经历上还是有千差万别的。

### 苏我氏的天皇赞歌

在本节最后，笔者想谈谈苏我马子所作的天皇赞歌（宫廷寿歌），其见于推古二十年条。《日本书纪》的记载为正月初七，后来的白马节会亦在这一天举行。

当日，大臣苏我马子向天皇进献了一首寿歌，大意如下：

广泽天下吾明君，玉宇琼楼八十荫。

出殿仰空朗无极，臣期仙寿万千代。

心惶俯首侍君侧，幸得献歌颂永福。①

（《日本书纪》歌谣102）

正月初七是中国的传统节日"人日"，人们会在当天举行登高等活动，并品尝七宝羹、煎饼。据说"从旦至暮日色晴朗，夜见星辰，则民宁国安，君臣和会"，因此

---

① 日语为"やすみしし　我が大君の　隠ります　天の八十蔭　出で立たす　御空を見れば　万代に斯くしもがも　千代にも　斯くしもがも　畏みて　仕へ奉つらむ　拝みて　仕へ奉つらむ　歌献きまつる"。——译者注

**古代日本的女帝**

人日的天象、气候还会被用来占卜国家、君臣的盛衰否泰。在中国唐代，宫廷会在次日大设酒宴（中村裕一『中国古代の年中行事（第一册）春』）。而这一习俗很可能在早期就被传入日本列岛，日本宫廷也曾在这一天设席飨宴群臣。

苏我马子献上的寿歌大概就是以中国这一传统节日为典故创作的。"玉宇琼楼八十荫"指天皇居住的宏伟宫殿，"出殿仰空"意为天皇出殿、仰望天空。而"'朗无极'则描绘了人日当天天气晴朗，表达了对圣君的赞颂之情"（新編日本古典文学全集『日本書紀』）。并且，苏我马子还在歌词中起誓效忠天皇，愿天皇仙寿千代万代。这样的誓言在以往的宫廷寿歌中不曾出现，它反映了推古朝的新时代气息。

推古天皇也作了一首歌酬和，大意如下：

苏我世代子，马中日向驹，刀之吴真锄。诚哉圣明举，大君①用苏我。②

（《日本书纪》歌谣103）

---

① 《易经》可见"上六：大君有命，开国承家，小人勿用"，孔颖达疏："大君，谓天子也。"——译者注
② 日语为"真蘇我よ 蘇我の子らは 馬ならば 日向の駒 太刀ならば 呉の真刀 諾しかも 蘇我の子らを 大君の 使はすらしき"。——译者注

她将苏我一族（苏我氏子孙）喻为马中之魁——日向驹、刀中至尊——中国吴地所产真刀加以称赞，继而发出了"实乃圣明啊（原文为"诺"，表示赞同时的应答声），大君重用苏我氏一族"的感叹。

## 推古天皇与苏我氏

以上两首歌谣是以正月初七"人日"为背景的一组君臣酬和。歌词中的出场人物为天皇与苏我氏，其内容强调了苏我氏对天皇的立誓效忠。歌中没有表现出对天皇的女性身份特别在意的意思。也就是说，推古天皇虽身为女性，但双方的交流是与性别无关的"君臣"唱和。

歌词内容的创新之处是我们要探讨的焦点。根据土桥宽的观点，歌谣中没有以往欢酒歌（伴酒歌）的要素，苏我马子在祝福天皇万寿无疆的同时（"臣期仙寿万千代"），也通过赞美宫廷（"玉宇琼楼八十荫"）婉转地表达了颂誉之情。而且，遣词造句不是站在苏我氏这一氏族的立场上，而是以一介人臣的身份（"心惶俯首侍君侧"）进行表现的（『古代歌謡全注釈　日本書紀編』）。

不过，土桥宽承袭了传统观点，将"空"解释为"殿舍的天井"。笔者则认为，"八十荫""空"并不是对同一个建筑的描述，而是分别指殿舍和天空。考虑到当天是"人日"，所以"空"应被理解为带有中国文化意象的

"天"。推古天皇纪中记载了不少节日，本条是记录正月初七的最古老的文字。假如推古朝确实设宴庆祝了这个节日，那么可以说，这种令人耳目一新的歌谣正是全新的官司制发展的产物。关于这一点将于下文详述。此处值得瞩目的是，随着遣唐使往返于中日两国，中国的节日也被引入日本。

面对苏我马子的献歌，推古天皇酬和了上述那首歌谣。从她对自己使用敬语"大君"来看，有学者评价这是一首"以天皇的名义赐给苏我氏的歌"，"极为少见"（土桥宽观点）。在"人日"的仪式之中展现的这种新的君臣关系，象征着日本历史又向前迈出了新的一步。

退一步而言，即便这些歌谣只是伪作，它们被编入推古天皇纪的意义仍十分重大。因为这两首歌谣之所以会被载入，是由于《日本书纪》编纂者将推古朝理解为官司制发展的原点所在。不论歌谣是真是伪，可以说它们都象征了新时代官僚制度的萌芽。

并且，在理解推古朝时期推古天皇和苏我氏的地位问题上，苏我氏在歌中向推古天皇立下的效忠誓约也具有重要意义，因为它为我们描绘出这一时期苏我氏对天皇恭顺服从的姿态。即使苏我马子是将新天皇推举到宝座上的实力派重臣，在新天皇的宝座之下也仍要进入新的主仆关系。

# 3　推古朝的"三头政治"

## 厩户皇子被立为太子

《日本书纪》记载，推古天皇即位翌年，也就是推古元年（593），厩户皇子被立为太子。关于立太子的年份无可疑之处，确实发生在推古天皇即位之后。但是，为何要册立厩户皇子？其中的政治意义何在？

如上所述，推古天皇之子竹田皇子似乎体弱多病。不过，这并不是竹田皇子未被立为太子的唯一原因。厩户皇子的生母（穴穗部间人皇女）为钦明天皇皇女，厩户皇子本人则同敏达天皇与推古天皇所生的皇女结姻。就6世纪皇位继承的惯例而言，他理所当然应作为下任皇位继承者而被立为太子。

然而，事情的结果却是即位之日没有如约造访厩户皇子。因为这一时期尚未有禅让的先例，而厩户皇子又在推古天皇在世时离世了。于是，厩户皇子最终与皇位失之交臂。

厩户皇子的宫室最早建于用明天皇王宫以南，即位于磐余的池边双槻宫以南。因此，厩户皇子的宫室被称为上殿（上宫）。后世流传下来的他的别称，诸如"上宫厩户丰聪耳太子""上宫太子"便出自这里。据说，厩户皇子在父亲用明天皇在世时以及被立为太子以后都居住在上殿，之后于推古十一年（603）迁居至斑鸠宫。

斑鸠，坐落在矢田丘陵的东南山麓，位于大和川从大和地区流向河内的地区。在它的东南方向，额田部丘陵（参照图2-3）与其夹隔着富雄川遥遥相望。额田部丘陵是额田部氏的政治基地，与推古天皇（幼名为额田部皇女）之间有着紧密的关联。厩户皇子移居斑鸠的原因，想必也与推古天皇和额田部氏之间的政治纽带有关。尽管这些关联看似出于偶然，但是在推古朝时期，额田部比罗夫不仅向唐朝使节敬致礼辞（推古十六年八月条），还担任了迎接新罗使节的庄马长一职（推古十八年十月条），这提示我们以上关联并非偶然。关于前者，即唐朝使者访日的情形可在《隋书·倭国传》中略窥一斑："遣大礼哥多毗（额田部的音译）从二百余骑郊劳。"不难想象，在外交关系方面积极活跃的额田部氏必然与曾经主导了推古朝外交政策的厩户皇子之间有密切的往来。

### 天皇与厩户皇子

在学校教育中，推古女帝的时代常常会被归纳到"圣德太子时代""苏我氏与圣德太子""推古朝政治"等主题中。如果按照这样的表述方式，那么在前两个主题中，推古天皇的存在就完全被抹杀了，而在后一个主题中，推古朝也只是一个用来划分时代的坐标。总之，在这些主题之下，推古天皇的时代影响力被极大地弱化了。那么，事实到底如何呢？

首先，我们以《日本书纪》为根据，从厩户皇子的政治立场来考虑这个问题。《日本书纪》记载，"立厩户丰聪耳皇子为皇太子，仍录摄政，以万机悉委焉"，在推古天皇即位翌年，厩户皇子被立为太子。由于"皇太子"一词从《净御原令》起才开始使用，因此当时的实际称号应为太子。《隋书》中可见"名太子，为利（可能是"和"的误写）歌弥多弗利"，就证明了当时倭国确实有"太子"存在。

"和歌弥多弗利"（わかみたふり）在后世被读作"わかんどほり"[1]（『古語大辞典』），长屋王家木简使用"若翁"二字来表记这一读音（东野治之观点）。一般认为，长屋王家木简上的"若翁"指的是长屋王的子女。因此，与其说"和歌弥多弗利"是太子的名字，不如说它是意为"王的子女"的一般名词，被用作表示"太子"的日语读音。

---

[1] 此处两个日语的发音分别为"wakamitahuri""wakandohori"。——译者注

**古代日本的女帝**

问题的关键在于下划线处的"仍录摄政，以万机悉委焉"。其中，"仍录摄政"可解读为"仍旧统领政务"，"以万机悉委焉"指"将大小政务全部委托于他"。此处内容与"（厩户皇子）于丰御食炊屋姬天皇世，位居东宫，总摄万机，行天皇事"（用明元年正月条）相呼应。《日本书纪》用"以万机悉委焉"的文字，将厩户皇子描述成代理天皇执掌政务的人物。

但是，《日本书纪》同时记载了"（天皇）诏皇太子及大臣令兴隆三宝"（推古二年条）的事迹。也就是说，这段文字凸显了推古天皇独立自主的政治主张。她振兴佛教的政策，终止了钦明、敏达、用明三朝延续不断的废佛崇佛之争，有着划时代的意义（川尻秋生「仏教の伝来と受容」）。

除了推古天皇下达诏敕的文字记载以外，也有诸如"皇太子（厩户皇子）命诸王、诸臣、俾着褶"（推古十三年条）一些以厩户皇子为中心人物的记录。但是，这样的记录并不多见，在政治舞台上扮演主角的基本上都是推古天皇。如此看来，"以万机悉委焉"的文字描述不符合真实情况。人们常以为《日本书纪》对厩户皇子不惜盛赞之辞，但事实上并非全然如此。

接下来，我们试以厩户皇子（圣德太子）的传记《上宫圣德法王帝说》（平安时代中期成书）为线索来确认这段历史的真相。《上宫圣德法王帝说》中可见"少治田宫御宇天皇之世，上宫厩户丰聪耳命与嶋大臣共辅天下之政，兴隆三宝，起元兴、四天皇等寺，制爵十二级"的文字，记述了推古天皇治世时厩户皇子（上宫厩户丰聪耳命）与苏我马子（嶋大臣）一同辅佐政事的情况。考虑到本书的传记性质，不论其如何夸大其词地颂扬厩户皇子也不会令人惊讶。然而实际上，书中却并没有过度赞扬他。

从结论来说，当时的政治格局并非处于"万机悉委"于厩户皇子的状态。原因在于，"弑帝"事件带给政坛的震动还未完全平息，不仅苏我氏的权势不可小视，而且以法而论，推古天皇的统治才是国家政治的基本前提。那么，实际的统治情况如何呢？接下来，我们把焦点转向推古天皇的政务情况。

### 推古朝的政治机构

崇峻五年（592）推古天皇于丰浦宫即位，推古十一年（603）迁都至小垦田宫。迁都后，原丰浦宫后来成为寺院，称丰浦寺（现明日香村的向原寺建于丰浦寺讲堂的基坛之上）。在丰浦寺讲堂基坛的下层，现已发掘出推测为丰浦宫的遗址。苏我马子之子——苏我虾夷，别名为苏我丰浦虾夷（推古十八年十月条），后被称作"丰浦大臣"（舒明八年七月条）。丰浦曾是苏我氏宗家的势力基地，这一点已得到证实。同时亦有观点指出，其本宗宅邸的一部分曾被作为丰浦宫使用（小澤毅『日本古代宫都構造の研究』）。这些都表明，在考虑推古天皇即位问题时，苏我氏的政治力量是不可回避的要素。

另外，经考证，小垦田（小治田）宫位于今天飞鸟寺以北地区。考证的根据为，在明日香村的雷丘东方遗迹中出土了写着"小治田宫"墨迹的土器碎片。虽然这一带还未发掘出推古朝时期的建筑遗迹，但它极可能是小垦田宫的遗址（小澤毅『日本古代宫都構造の研究』）。

据《日本书纪》记载，在丰浦宫时代，发展佛教和对外关系，尤其是派遣遣唐使之事，是日本朝廷的重要政治课题。在此，我们试以《上宫圣德法王帝说》为切入点来确认推古朝的基本政治方针。

如上所述，《上宫圣德法王帝说》记载了厩户皇子和苏我马子"兴隆三宝，起元兴、四天皇等寺，制爵十二级"的事迹。"兴隆三宝"指兴佛、兴法、兴僧，即振兴佛教。

这个时代，以飞鸟寺为开端，日本兴建了大量佛寺。这一点符合历史事实，但厩户皇子主持修建了46座佛寺的说法则属于夸大其词。这个数字的依据是圣德太子信仰所影响的传说，而确切可知由厩户皇子主持修建的寺院仅有斑鸠寺和飞鸟寺（大脇潔「聖徳太子関係の遺跡と遺物」）。

"爵十二级"是指将"德、仁、礼、信、义、智"这六个项目分别加以大、小来区分的冠位十二阶制。《隋书》中亦可见"内官有十二等"的文字。这一制度在迁都小垦田宫之后制定，并于翌年实施。制定爵位一事确实为推古朝史实，但需要注意的是，苏我氏与天皇一样，不是被授予爵位的一方，而是授爵的一方。也就是说，苏我氏凌驾于冠位十二阶之上。

在此以前，个人政治地位是根据其所属的氏族集团来决定的，而冠位制则将个人政治业绩也纳入了衡量其政治地位的范畴。冠位制的确立，与推古朝官司制的发展有着密切联系。

在此，我们先关注官司制，之后再阐述与官司制问题密切相关的宪法十七条。首先，推古天皇纪中可见"马官"（推古元年条）、"寺司"（推古四年条）等官司名。其次，在被考证为同时代文物的释迦三尊佛的台座铭中出现了"尻官"的文字。此外，虽然史料证据不足，但据研究推测，推古朝还设有"大椋官"（《新撰姓氏録》左京神别条）、"前事奏官""祭官"（《中臣氏本系帳》）等官司。

另外，释迦三尊像的台座铭中可见"书屋"一词，想必这是一种类似于"图书室"的藏书设施。包括"马官"在内的这些官司很可能与之后的家政机关有着密切关联。"屋"字和"官"字被区分使用,所以不难推测这两种官司在规模、职能上亦各不相同。推古朝官司制的实际情况,包括其与部民制之间的关系问题,还有待后人探明解析。但可以肯定的是,它在当时确实得到了一定程度的发展。可以认为,这些官司的勤务功绩与冠位十二阶制的评判内容有关。

## 宪法十七条

据《日本书纪》可知,与官司制密切相关的是宪法十七条。其中"皇太子亲肇作宪法十七条"的文字说明苏我氏等人未参与这次立法过程。大概是鉴于此条文,在上述《上宫圣德法王帝说》中,立宪就没有被记为圣德太子与苏我马子的共同政绩。令人遗憾的是,此条文仅见于《日本书纪》,没有其他同时代的史料可以佐证。因此,也有学者对此持怀疑态度。

宪法十七条提出了"君—臣—民"的社会关系规范,它建立在新官僚阶层出现的基础之上。所谓君即"王",臣即"群臣百僚"(群卿百官、官人),民即"百姓"(人民)。这三者的阶级关系和意识形态等主要被解析为各种道德规范。例如,首先,王与群臣百僚的关系被比喻为天与地的关系,宪法记之为"天覆地载"(第三条)。

其次，王与被官僚管辖的百姓之间的关系，则以"礼"规之，提倡"群臣有礼，位次不乱，百姓有礼，国家自治"（第四条）。

在官僚处理公务的场所——官司，宪法要求"诸任官者，同知职掌"（第十三条）。同时，宪法也对官司提出了"国非二君，民无两主。率土兆民，以王为主。所任官司，皆是王臣。何敢与公，赋敛百姓（不贪税）"（第十二条）的要求。也就是说，如开篇所述，社会关系的前提是对"王的绝对性"的认同，这是不容忽视的宪法本质。正如"承诏必谨"（第三条）所言，王的命令具有至高无上的绝对性。

宪法也体现出其他特点。第一，第十二条中出现了"国司"一语，这是《大宝令》（701年颁布）中的用语。可见，宪法的措辞受到了《大宝令》的影响。第二，"笃敬三宝。三宝者，佛法僧也"（第二条），倡导尊崇佛教。这呼应了推古朝发展佛教的政策。不过，宪法同时还强调了"礼、仁、信、智"的儒教道德观。不难看出，这与冠位十二阶的条目"德、仁、礼、信、义、智"也有关联。

整体看来，宪法条文的部分内容使用了《大宝令》的措辞来润色，但其主要内容仍然可信。不过，宪法条文明示的都是一般性规范，没有特别涉及女帝问题。

## 国际关系

在本节最后，我们来谈谈推古朝的外交关系。这一时期，围绕伽倻（加罗诸国。《日本书纪》作"任那"）问题，日本与新罗之间的外交关系呈现剑拔弩张之势。推古八年（600），推古天皇决意征讨新罗。翌年，她分别派遣大伴啮、坂本糠手进军高句丽、百济，并下诏"急救任那"。602 年，推古天皇又任命厩户皇子之弟——来目皇子担任"击新罗将军"，率 25000 人的大军屯驻筑紫（今福冈县一带）。但是，由于来目皇子在筑紫病逝，进攻新罗的计划夭折。603 年，厩户皇子的异母弟——当摩皇子出任"征新罗将军"，但其随军妻子——舍人姬王在赤石（播磨国）玉殒，因此征讨行动不得不半途中止。

另外来看中国，589 年，隋完成了全国大一统。600 年，日本首次派遣遣隋使，《隋书·倭国传》记载了此事。607 年，遣隋使小野妹子携国书至隋，国书称"日出处天子致书日没处天子"。也就是说，倭国使用了与隋帝国对等的"天子"一词来自称。

对此，隋炀帝显露不悦，斥责"蛮夷书有无礼者，勿复以闻"。东夷之国竟与隋比肩而自命"天子"，这是令隋炀帝难以容忍的。而倭国的意图则在于以对等的立场展开对隋外交，脱离 5 世纪时与南朝宋之间的册封关系，南朝宋当时将日本君主称为倭五王。尽管隋炀帝大为不悦，但之后仍派遣了使者裴世清出使倭国。

此外，中国方面，隋炀帝发动的对高句丽的远征以失败告终。618年，唐朝取而代之建立了新的政权。高句丽使者将这一情况告知倭国，"隋炀帝兴三十万众攻我（高句丽），反之为我破"。623年，从唐返回日本的惠日等人上奏天皇，"大唐国者法式备定之珍国也，常须达"，指出了对唐外交关系的重要性。628年，唐统一中国。

倭国与隋、唐的外交关系是以元首外交的形式展开的，这一点也可从"日出处天子""日没处天子"的文字中略窥一斑。《日本书纪》中还出现了"皇帝问倭皇（实际为倭王）"（推古十六年八月条）、"东天皇（倭王）敬白西皇帝"（同九月条）的文字。从两国的外交关系来看，这些表述形式并不突兀。

不过，从对新罗外交的现实情况来考虑，即从厩户皇子的两个异母弟分别被任命为"击新罗将军""征新罗将军"的情况可知，掌握外交主控权的并非推古天皇，而是厩户皇子。厩户皇子的佛学导师是高句丽僧人慧慈，他的思想很可能影响了日本与隋朝发展对等外交的历史。但不可忽视的是，这一思想最终是以推古天皇所代表的国家意志的形式实施的。

# 4 "大后"之位——皇极天皇

## 皇极天皇即位

推古天皇去世前，钦明天皇的皇孙一辈，即押坂彦人大兄、厩户皇子等有力的皇位继承者都已经不在人世。《日本书纪》记载，推古天皇享年75岁，她的长寿也是皇嗣先于她离世的一个原因。于是，钦明天皇的曾孙一辈便成了天皇候选人（图2-4）。推古天皇在病榻上向田村皇子和山背大兄传达了自己的遗嘱，但内容是否涉及这二人的优劣已不得而知。

推古天皇去世后，群臣在推举新帝时，分裂为田村皇子派和山背大兄派。苏我氏一族中，继苏我马子逝后出任大臣一职的苏我虾夷拥护的是田村皇子。但苏我虾夷的叔父境部摩理势则支持山背大兄。在是否拥立田村皇子即位的问题上，苏我氏全族未能达成共识。于是，苏我氏宗家的苏我虾夷便除掉了境部摩理势，最后通过群臣拥戴的程序将田村皇子推上了皇位，舒明天皇诞生。舒明天皇为押坂彦人大兄与敏达天皇之女所生。

舒明朝期间，日本首次向中国派遣了遣唐使，并修建了百济宫、百济大寺。如上所述，废佛与崇佛之争在推古

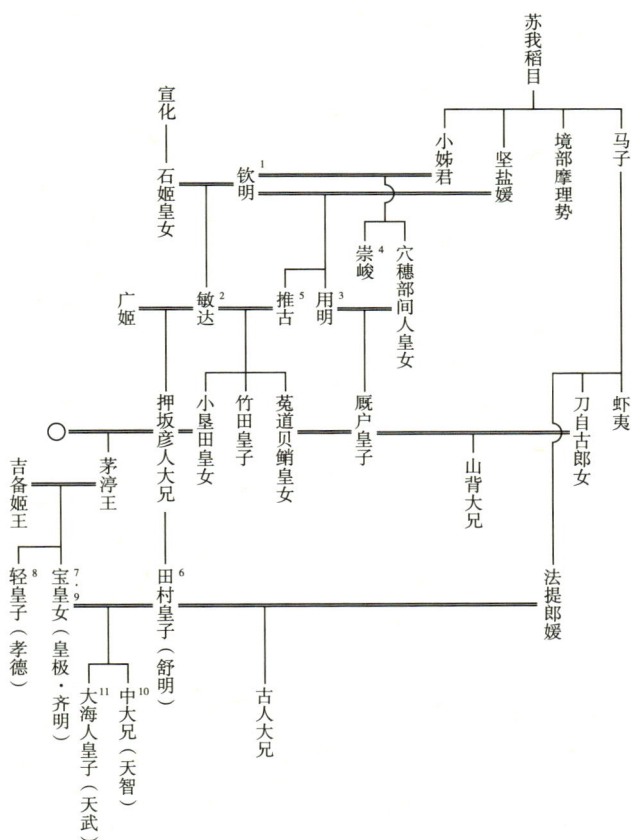

图 2-4　根据《日本书纪》所制天皇系谱图（钦明天皇以后）

朝时期迎来了终结。而进入舒明朝后，如"今年，造作大宫及大寺"（舒明十一年条）所述，凡逢皇位更替，皇室一律都要进行王宫以及大寺（官寺）的营建。推古女帝的兴佛政策，在推动佛教成为国教的历程中起到了至关重要的作用。

于是，以舒明朝为起点，佛教正式开启了其作为日本国教的历史。不过，舒明十三年（641），舒明天皇也离世了。

接着，舒明天皇皇后——宝皇女即位，皇极天皇诞生。令人颇感蹊跷的是，《日本书纪》中关于舒明天皇驾崩与皇极天皇即位的记载显得过于简略。从其行文看，似乎当时一切风平浪静。舒明天皇去世后，与其争夺过皇位的有力继承人选——山背大兄依然健在。但是，山背大兄的即位未能得到苏我虾夷的认同。而且，当时苏我氏一方还存在古人大兄这一人物，他为舒明天皇和苏我马子之女（其兄长为苏我虾夷）苏我法提郎媛所生。

《日本书纪》记载，皇极天皇即位后，苏我虾夷之子苏我入鹿曾欲拥护古人大兄即位（皇极二年十月条）。这大概是因为舒明天皇去世后，苏我虾夷、苏我入鹿父子将对舒明天皇的感情转移到了古人大兄身上。皇位继承人选中，除山背大兄外，还有这位古人大兄以及中大兄等。然而，他们的年龄都未达到即位的标准。因此，宝皇女便沿袭推古天皇即位的先例，登上了皇位。

但是，皇极天皇在与即位前的舒明天皇结婚以前，曾是用明天皇皇孙——高向王之妻，并与其生有"汉皇子"。而就是这样一位曾经有过生育经历的皇女，再婚成为皇后，不久后又登上皇位。历史上，这样与前夫育有子女，又与皇子再婚，而这位皇子后来即位，最后自己也称帝的女性，是极为罕见的。

她与高向王所生之子，原先被称为"汉王"。由于她成了皇后，根据之后律令法的规定"凡皇兄弟、皇子皆为亲王＜女帝之子亦同＞"（《养老令·继嗣令》），其子的称号被改记为了"汉皇子"。这一条文，开始同样适用于有婚史的女帝。从皇极天皇以有婚史且携子的状态成为皇后这件事来看，在册封皇后之际，其是否为初婚者或有无子女，都是无关紧要的问题。

## 7世纪女帝的即位

皇极天皇之所以能够即位，其主要背景在于有推古天皇的先例。在此之前还有一例，即钦明天皇在即位之际所举荐的春日山田皇女。这三人的共同点在于，她们都曾是前帝或先帝①的皇后。在此，我们将女帝即位时的各方面情况制成表格（表2-1），来进一步思考7世纪皇后的问题。作为参考，表格中还加入了虽然没有即位但实际行使了统治权的神功皇后以及被举荐的春日山田皇女。

首先，如表2-1所示，包括神功皇后、春日山田皇女在内，诸位女帝一律都是律令法所认可的皇亲（四世王为

---

① 这两个词语原本语义相同，但在本书中区别使用，其中"前帝"指上一位天皇，而"先帝"指以前的天皇。——译者注

古代日本的女帝

止），同时她们都曾身居皇后之位。在即位时有无子女的情况虽然不尽相同，但是在即位后她们一律都没有再婚。

表 2 - 1　女帝即位时的情况

| 女帝 | 与先帝的亲属关系 | 本人地位 | 即位时的身份 | 即位时有无子女 | 即位后再婚与否 | 次代天皇 |
|---|---|---|---|---|---|---|
| （神功皇后） | 开化曾孙女 | 三世王 | 仲哀（前帝）皇后 | 有（即位） | 否 | 应神（子） |
| （春日山田皇女） | 仁贤皇女 | 一世王 | 安闲（先帝）皇后 | 无 | 否 | 钦明（安闲异母弟） |
| 推古天皇 | 钦明皇女 | 一世王 | 敏达（先帝）皇后 | 有（早亡） | 否 | 舒明（孙辈） |
| 皇极天皇 | 敏达曾孙女 | 三世王 | 舒明（前帝）皇后 | 有（即位） | 否 | 孝德（同母弟） |
| 齐明天皇 | （皇极重祚） | — | （皇祖母尊） | — | 否 | 天智（子） |
| 持统天皇 | 天智皇女 | 一世王 | 天武（前帝）皇后 | 有（早亡） | 否 | 文武（孙） |

＊神功皇后、春日山田皇女并未即位，列入此表，仅供比较。

其次，在女帝之后即位的皇位继承者们的情况则各不相同。推古天皇和持统天皇以后，由皇孙或皇孙辈的男性即位。皇极天皇的情况则是，禅让时由其弟（孝德天皇）、重祚及去世后由其子（天智天皇）即位。不过，推古天皇去世后即位的舒明天皇与推古之间并没有直接的血缘关系。如果从这一点考虑，7 世纪时期，女帝之后即位的诸位男天皇没有呈现共同的特征。

传统观点认为，之前男性皇位继承者引发的纷争等政治危机造就了女帝即位的政治环境。但是，观察春日山田皇女、推古天皇、皇极天皇的情况可知，她们的共通之处在于群臣对男性候选者的年龄所持的抵制态度。也就是说，虽然有大兄或太子可作继承人选，但由于年龄问题，他们受到了群臣对其统治能力的质疑，未能获得群臣的认可。

因此，决定新帝人选的群臣注意到了在正常情况下应被排除在外的女性，但同时她又是一个政治势力有上升空间、具有统治能力、曾经位居皇后的人物（荒木敏夫『可能としての女帝』）。换言之，天皇即位之际，群臣权衡的是继承大统所需要的年龄、资质，以及实际政治力的问题。

## 飞鸟板盖宫

齐明天皇于飞鸟板盖宫实施政治统治。由于这座宫殿的屋檐用木板盖置而成，因此得名"板盖"。传说中的飞鸟板盖宫遗迹位于现在的明日香村，遗迹中的水井等设施已得到复原。首先，我们就"飞鸟"做一些简单说明（图2-5）。目前已经明确的是，在古代名为飞鸟的地区，其土地是十分狭小的。飞鸟位于橘寺所在地"橘"的北部。飞鸟的最北部以飞鸟寺为界，飞鸟川从甘樫丘以东的飞鸟域内流过。在7世纪，飞鸟地区曾是皇宫的密集地。

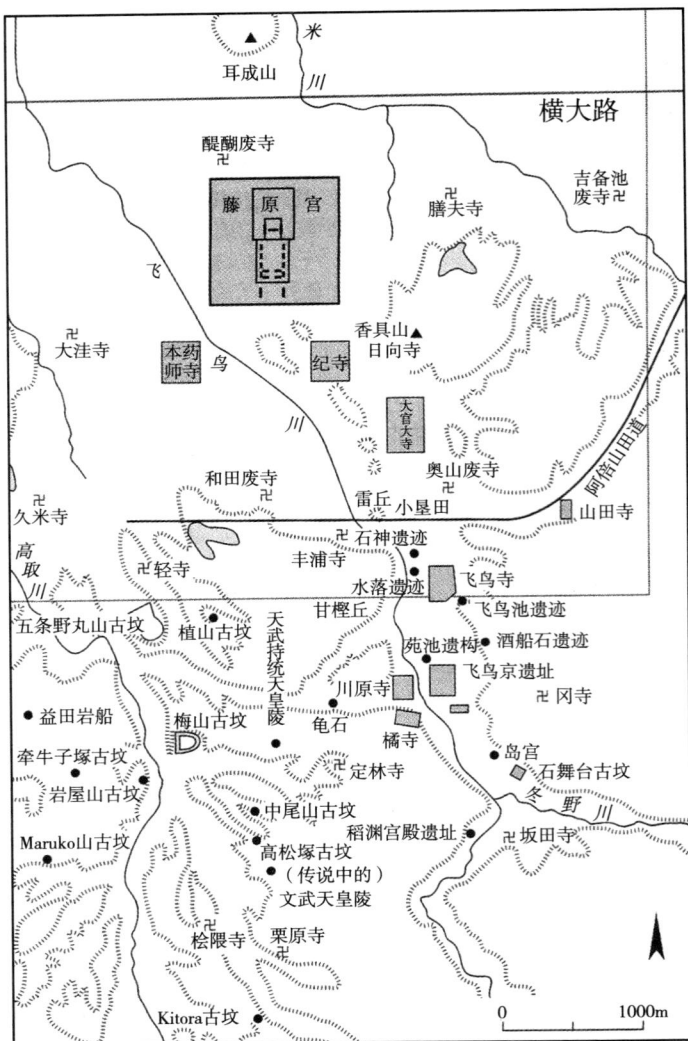

耳成山

米川

横大路

醍醐废寺

藤原宫

膳夫寺

吉备池废寺

飞

大洼寺

本药师寺

纪寺

香具山

日向寺

大官大寺

奥山废寺

鸟

和田废寺

雷丘

小垦田

山田寺

久米寺

高取川

轻寺

丰浦寺

石神遗迹

水落遗迹

甘樫丘

飞鸟寺

飞鸟池遗迹

五条野丸山古坟

植山古坟

天武持统大皇陵

苑池遗构

酒船石遗迹

飞鸟京遗址

冈寺

益田岩船

梅山古坟

川原寺

龟石

橘寺

岛宫

石舞台古坟

牵牛子塚古坟

岩屋山古坟

定林寺

冬野川

Maruko山古坟

中尾山古坟

稻渊宫殿遗址

坂田寺

高松塚古坟

（传说中的）

文武天皇陵

桧隈寺

栗原寺

Kitora古坟

0　　　　1000m

**图 2−5　飞鸟略图**

最早在飞鸟建都的是舒明天皇，所建的皇宫名为飞鸟冈本宫。由于建在飞鸟冈旁，该宫得名"冈本"。冈本宫发生火灾后，皇宫迁至田中宫，其后又依次迁至板盖宫、后飞鸟冈本宫以及飞鸟净御原宫。这些宫殿都建造于飞鸟冈的山麓，因此这里被称作"飞鸟京遗址"。

按照"历代迁宫"这一说法，一直以来，在新旧天皇更替之际，皇宫都要迁至他处。但是自飞鸟板盖宫开始，皇宫一律都营建在飞鸟地区。这种建宫意识呈现了与以往"历代迁宫"不同的性质。由此，古代的宫都建设进入了一个新的历史阶段。

皇宫还在飞鸟板盖宫的时候，飞鸟寺（法兴寺）的西面广场上曾举行过许多典礼仪式。西面广场上生有一棵神灵莅临的神木——槻树，此处也被奉为天神下凡的圣地。之后，朝廷在广场上铸造了一座象征佛教世界的须弥山像，并在那里设席宴飨了当时被视为夷狄的虾夷人、肃慎人、多祢岛人。在佛教的世界观与宇宙观之下，天皇通过支配夷狄而"治天下"的统治方式被演绎成一场盛典。考察飞鸟地区的皇宫问题时，必须重视这种皇宫与宗教礼仪空间并存的现象。

### 再考"大王"含义

根据上文可知，7 世纪女帝即位的条件中存在一个共同点，即她们都曾身为皇后。因此在本章最后，我们将进一步确认称号问题。

上文中，为了行文之便，笔者使用了天皇和皇后的称号。但是，据目前研究可知，天皇称号直到天武朝才被初次使用，并在《净御原令》中固定下来。并且，研究还确信皇后称号正式确立于《净御原令》。在此之前，二者分别被称为"大王""大后"。那么，这样的观点是否准确呢？

"大王"的发音与"王"相同，读作"オホキミ"①。但是，如笔者在拙著《大和王权》（『ヤマト王権』）中所述，"大王"这一汉字表记并不是称号，而极可能是一个表示尊敬的称呼。那么何以断言"大王"在当时并非一种正式的专有称号呢？在此，笔者将重新简要说明。

据研究，《释日本纪》（镰仓时代中期的卜部兼方著）所引用的《上宫记》逸文较之《古事记》《日本书纪》更为古老。逸文中所载的皇室谱系将应神天皇表记为"凡牟都和希王"，将继体天皇表记为"乎富等大公王"，将垂仁天皇表记为"伊久牟尼利比古大王"（图2-6）。也就是说，在类似于国王称号的表记中出现了"王""大公王""大王"的文字。

---

① 日语发音为 ohokimi。——译者注

（a）
（应神）
凡牟都和希王 —— 若野毛二俣王 ——
大郎子 —— 乎非王 —— 汗斯王 —— 乎富等大公王（继体）
践坂大中比弥王
田宫中比弥
布迟波良己等布斯郎女

（b）
（垂仁）
伊久牟尼利比古大王 —— 伊波都久和希 —— 伊波智和希 —— 伊波己里和气
麻和加介 —— 阿加波智君 —— 乎波智君 ——
都奴牟斯君
布利比弥君

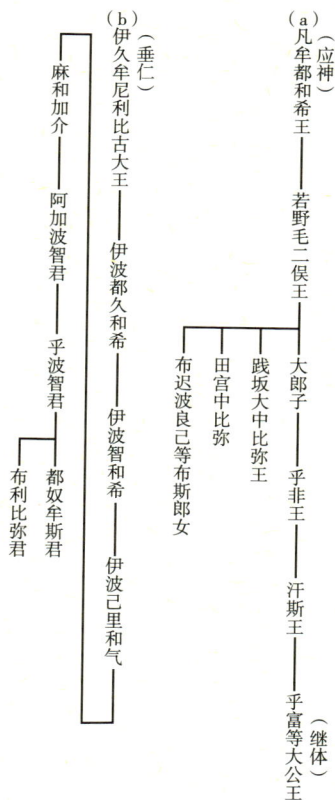

**图 2-6 《上宫记》逸文中的谱系**

位于千叶县市原市、时代为 5 世纪中期的稻荷台一号坟曾出土了一把刻有王赐铭文的王赐铭铁剑。据《宋书·倭国传》[①] 记载，这一时期，倭国首领面向国内也自

———————

① 指《宋书·蛮夷传》"倭国"条。——译者注

称"王"。由此可知，凡牟都和希王（应神天皇）生活在4世纪末到5世纪初的这一推断与"王"的表记现象相吻合。

但是在《上宫记》中，应神天皇以前的垂仁天皇被记为"大王"，6世纪初期的继体天皇则被记为"大公王"。假设"大王"称号是在5世纪后半期雄略天皇时期被制度化的，那么在"王"已经被用作一般称谓的时代，为何要特意使用"大王"二字或又以"大公王"来称呼继体天皇呢？唯一的解释就是，之所以出现了上述名称，是因为"大王"并不是一个被制度化的称号。

并且，据《宋书·倭国传》记载，武（雄略天皇）并没有向南朝宋请求授予其"大王"称号。倭国方面要求受封为"倭国王"，之后也如愿得到了中国的册封。5世纪的倭五王，在倭国国内使用的正式称号一律为"王"。也就是说，王赐铭铁剑与《宋书·倭国传》中所见的"王"字，才是日本列岛使用的唯一正式称号。

此外，我们还在《古事记》中探明了一个与称号问题有关的有趣事实。《古事记》中，除了初代神武天皇之外，所有天皇纪的开篇处都有"坐×××宫，治天下也"的固定行文。例如崇神天皇纪，其开篇便是"御真木入日子印惠命，坐师木水垣宫，治天下也"。在崇神天皇的例子中，"命"字是被用作敬语的。

在调查自绥靖天皇到推古天皇为止的天皇名号时，我们发现了两例"命"字、五例"天皇"、五例"王"、五例"御子"。"命""天皇""王""御子"这些汉字表记皆可见，但是被视为称号的"大王"一例也未出现。"天皇"二字固然有后世润色之嫌，但"大王"如果是称号的话，那么它一次也未出现的事实该如何解释呢？换言之，《古事记》的记载同样告诉我们"大王"并非正式称号（吉村武彦「古代史からみた王権論」）。

### 《日本书纪》《古事记》中的"大后"

《日本书纪》中可见天皇后宫有"皇后""妃""夫人""嫔"的记载。这些称号的汉字表记曾根据后世的法令进行过修改，而其地位是在《净御原令》（青木和夫『日本書紀考証三題』）以及《大宝令》（遠藤みどり「令制キサキ制度の成立」）中被制度化的。另外，《日本书纪》关于后宫的记载，还曾以编纂中的《大宝令》的用词为标准进行过修改。因此，我们不能根据《日本书纪》的文本去直接讨论后宫称号的问题。

另外，《古事记》中没有出现上述汉字表记形式。而作为"大后"被记载的有以下八位：①神武的キサキ①伊须气

---

① 可以用于表记"キサキ"的汉字有多个，如"大后""后""妃"等。因此此处一律使用日语读音"キサキ"。——译者注

**古代日本的女帝**

余理比卖；②垂仁的キサキ比婆须比卖；③仲哀的キサキ息长带比卖；④仁德的キサキ石之日卖；⑤允恭的キサキ忍坂之大中津比卖；⑥安康的キサキ长田大郎女；⑦雄略的キサキ若日下部王；⑧继体的キサキ手白发。

在记有后宫情况的《帝纪》①部分，诸如"（某天皇）娶×××，生御子，××王"等处，被编纂者施以注记"是大后"的有以下三位：③息长带比卖，诞有应神天皇，她在仲哀天皇纪的后宫记事中未被载于首位，而是位列第二；④石之日卖，她的名字出现在后宫记事的开头部分，她诞有履中、反正、允恭三位天皇；⑧手白发，诞有钦明天皇，以继体天皇第三位配偶的身份出现。此外，继体天皇纪中被载于第二位的キサキ目子媛，也诞有天皇，即安闲、宣化两天皇。也就是说，在《帝纪》中被注记为"大后"的有三位キサキ，三人所生皇子都登上了皇位，但是，她们却并非都被列于后宫之首。除此以外，在《旧辞》记载的神话传说中，还有五位女性被记为"大后"。概观这些大后的相关记载可知，"大后"称号与是否诞下天皇没有任何关系。

---

① 《帝纪》与《旧辞》为《古事记》《日本书纪》的编纂提供了原始材料，自古逸失，由太安万吕命稗田阿礼凭记忆口诵传之。《古事记》序文就明确表述了《古事记》的编纂与《帝纪》《旧辞》之间的关系。——译者注

《古事记》记载的"大后"特点与《日本书纪》不尽相同，它是指天皇后宫中政治势力尤为强大的一位（山崎かおり「古事記の「大后」」）。这一观点基本稳妥。不过，之所以会出现这样的特点，大概是由于"大后"没有作为正式的称号被制度化。

并且，《古事记》的行文中还混用了"大后"与"后"。⑥长田大郎女就是先被表记为"皇后"，又被表记为"后"和"大后"的（安康天皇段落）。"大后"的意思被等同于"皇后"，并且又与"后"混用。可见，《古事记》的汉字使用缺乏严谨性。"后"的汉字表记与"大后"相同，都意为"皇后"。

### 从"大后"到"皇后"？

岸俊男认为，"皇后"称号在《净御原令》中被制度化以前，"大后（オホキサキ）"就已经被作为称号使用了（岸俊男『日本古代政治史研究』）。他根据《古事记》中基本使用"大后"的名称（三处使用"皇后"），以及被考证为推古朝史料的"天寿国绣帐铭""法隆寺释迦三尊光背铭"中出现的"大后"二字为线索，主张"大后"是"皇后"之前的正式称号。但是他也谨慎追述，"'大后'似乎没有在制度上得到确立，或许只代表其享有正妻的待遇"。这一带有保留条件的观点，似乎一直未被学界重视。

另外，岸俊男认为，在"天寿国绣帐铭"中"大后"与"后"的用法不同，"大后"应为后宫魁首。本居宣长早前就已提出这一观点，认为"大后"是キサキ中身份最高的人。这种存在数位キサキ的观点虽然稳妥，但是"大后"与"后"并没有被作为制度化的称号使用。

"天寿国绣帐铭"收录于厩户皇子（圣德太子）传记《上宫圣德法王帝说》中。《上宫圣德法王帝说》共分为五部，"天寿国绣帐铭"为第三部。据研究，这幅刺绣描绘了厩户皇子往生天寿国的情景，是为缅怀皇子而制作的。我们暂不讨论它是不是推古朝时期的史料（遗文），在此仅考察其文本内容。

首先，我们要讨论的是"大后"与"后"之间的关系。"天寿国绣帐铭"中，钦明天皇的キサキ之一"坚盐媛"被记为"大后"，其妹"小姊君"被记为"后"。此外，丰御食炊屋姬（推古天皇）、孔部间人公主（穴穗部间人皇女）也被表记为"大后"。不过，《上宫圣德法王帝说》对孔部间人公主的表记方法既使用了"大后"（第一部、第三部），也使用了"后"（第二部）。也就是说，整体而言，"大后"与"后"混用，没有严格区分。这一特点与《古事记》相同。

不过，更大的疑问在于，被"天寿国绣帐铭"记为

"大后"的坚盐媛在《日本书纪》中是一位"妃",而被《日本书纪》记载为钦明皇后的则是宣化天皇皇女——石姬皇女。假如"大后"是皇后称号的前身,那么"天寿国绣帐铭"与《日本书纪》就记载了不同的皇后,岂不意味着两位皇后并存吗?作为嫡妻的皇后是绝不可能同时出现两位的,因此必然有一方存在讹误。如果坚盐媛是真正的皇后,那么皇后就来自苏我系,即臣下出身。在奈良时代,藤原光明子①被立后之际,人们将仁德天皇的皇后——出身于葛城氏系的磐之媛为臣庶出身一事作为先例提出。然而,6世纪前半期的坚盐媛在立后时却没有因为出身而遭到反对。其原因大概是坚盐媛实际上并不是皇后。那么,"大后"到底该如何定义?在下文中,我们将继续思考这个问题。

### "大后""后"与皇后

开门见山地说,"大后"很可能与"大王"一样,仅仅是一个表示敬意的称呼。由于古代史研究者多将其视为皇后以前的称号,所以在此我们先回顾一下相关的研

---

① 俗称光明子、藤三娘(701—760)。光明子在圣武即位前嫁给圣武(当时为首皇子),圣武即位时被封为夫人。藤原不比等为扩张在朝廷的势力,欲将女儿光明子立为皇后,但遭到政敌长屋王的反对。之后经过长屋王之变等,光明子于729年被立为皇后。——译者注

究史。

首先要考察的问题是，"天寿国绣帐铭"中的三位"大后"与厩户皇子之间的关系。孔部间人公主为厩户皇子生母，坚盐媛为厩户皇子之父即用明天皇的生母（即厩户皇子祖母），丰御食炊屋姬为厩户皇子姑母。也就是说，厩户皇子与三人都是近亲关系。与此相反，他与《日本书纪》中成为皇后的石姬皇女则无亲属关系，与苏我氏的小姊君也没有亲缘关系。那么，由此可得出这样的合理解释：正是基于以上的人物关系，在"天寿国绣帐铭"中，厩户皇子的生母——孔部间人公主、父亲的生母——坚盐媛，以及即位的姑母——丰御食炊屋姬，才被尊称为"大后"。到目前为止，还没有根据可断言大后坚盐媛就是皇后。僵化地把"大后"视为"皇后"之前的称号就不免会造成观点上的自相矛盾，而如果把它作为尊称来考虑的话，各现象间就不会相悖。

之后成为"皇后"的キサキ确实曾被冠以"大后"之称。在这样的特殊事例中，我们可以将"大后"理解为对日后登上皇后位的女性的称谓。但是，从"大后"和"后"被混用的现象来看，"大后"绝非正式称号。"大后"不仅包含了后来的"皇后"的意义，同时也有表示敬意的用法（例如坚盐姬）。

"大王"的称谓也与此相同。"天寿国绣帐铭"中就出现了两位大王，即"尾张大王"和"我大王"（指厩户皇子）。二人后来都未能成为天皇。这一现象与《上宫记》如出一辙，即"大王"称谓的用法并不等同于后来的"天皇"称号。并且还存在"尾张大王"和"尾张王"这两种汉字表记形式，这与"大后"和"后"的使用情况有异曲同工之处。

长久以来，学界都倾向于把代表敬称的"大后"理解为正式称号"皇后"的前身，因此衍生出了诸多关于"大后"定义的争论。一般的解释是"大后指天皇的嫡妻"（『国史大辞典』）。

不过，嫡妻（正妻）的观念是何时附着于皇位产生的，答案尚不明确。因此，近来也出现了质疑这一传统说法的声音，认为先是所生之子即位，然后其生母再被定为嫡妻。例如钦明天皇，史书记载他是以继体天皇"嫡子"的身份即位的，那么依照上述反推的观点就可认为，诞下钦明天皇的手白发是由于钦明才被誉为"皇后"的。学界中也有关于因儿子即位而确立嫡妻地位的论说（遠山美都男『古代日本の女帝とキサキ』、仁藤敦史『古代王権と支配構造』）。也就是说，判断其是不是嫡妻存在两种观点：第一，是不是制度上的嫡妻；第二，是不是由儿子即位而确立的嫡妻。

之所以会出现这些观点，其原因就在于"大后"并未在制度上得到确立。相对于"天寿国绣帐铭"中的生母、祖母以及即位的女天皇被记为"大后"的现象，《古事记》《日本书纪》中，继体天皇的キサキ目子媛尽管诞下了安闲、宣化两天皇，却没有被记为"大后"。如上所述，在法制程度还不完善的后宫制度下，嫡妻的地位是否作为一种常例被固定下来，仍是一个未解之谜。但必须指出的是，所谓大后制，也就是将大后现象作为制度来解释的观点，尚存在许多疑问（遠藤みどり「＜大后制＞の再検討」）。

由于学界对这一问题的讨论甚多，上文的阐述较为琐碎，以下试做总结。天皇、皇后、皇太子的称号是在《净御原令》中得到确立的。一般认为，在此前，天皇被称为"大王"，皇后被称为"大后"。但是，二者都是一种表示尊敬的称谓，而非称号。尤其是"大后"，多指后来的"皇后"，但这并不意味着她就是嫡妻。是否明确存在嫡妻这一地位还尚待考究。鉴于这些，我们接下来需要探讨的问题就是其中曾被称为皇后的推古天皇、皇极天皇的即位问题。

# 第三章  "维持王统"之路

## 1  大化改新与皇极禅让

### 半岛飓风

皇极朝时期，倭国传来朝鲜半岛爆发政变的消息。此事可见于《日本书纪》皇极元年条，但是，由于皇极天皇纪中有关朝鲜的记载存在讹误，因此消息传入的时间可能并不准确。皇极元年（642）九月，半岛北部的高句丽爆发篡权政变，大臣泉盖苏文刺杀了国王荣留王，将其弟之子推上王位，称宝藏王。接着，皇极二年正月，百济国王的生母去世，国王的弟弟及其子女被流放海岛。

半岛的这一政治形势同样激起了倭国政坛的层层巨浪。原因在于，在唐帝国政治的影响之下，朝鲜半岛爆发的政变——贵族篡权的高句丽式政变和国王集权的百济式政变的消息一并涌进了倭国。

当时在皇极女帝统治下的倭国社会，苏我虾夷、苏我入鹿父子正权倾朝野。皇极天皇纪中就可见影射苏我氏专权擅势的内容，如下：

> 是岁，苏我大臣虾夷，立己祖庙于葛城高宫，而为八佾之舞。（元年是岁条）

此处记载了苏我虾夷在苏我氏故地——葛城（旧大和国葛上郡，现奈良县御所市）建造祖庙，并命人在此表演象征天子特权的"八佾之舞"（八人八列，六十四人）一事。除此之外，他还在今来营建了双墓（可能是位于御所市古濑的二基古坟）寿陵（生前预建的陵墓），分别将其命名为"大陵"（虾夷之墓）、"小陵"（入鹿之墓）。"陵"是专用于天皇墓的文字，人臣是不能使用的。苏我氏的以上种种行为无不暴露出其唯我独尊和横行不法。

皇极二年（643）十一月，苏我入鹿派遣巨势德太等人带兵前往斑鸠宫袭击山背大兄。山背大兄暂时逃至胆驹山（生驹山）避难，但后来又折返回到斑鸠寺，最终全族自尽。至此，厩户皇子的子孙——上宫王族灭亡。

在这一事件的背景下，大化元年（645）六月，朝廷预备举行"三韩之调"的进贡仪式，由中大兄（之后的天智天皇）和中臣镰足负责筹划。蕃国（三韩）献"调"的仪式中，不但天皇莅临，群臣也要列位参加。于是，二人便利用仪式之机，将"自执国政。威胜于父"的苏我入鹿乱刀斩杀。随后，苏我虾夷亦自尽身亡。苏我氏本宗至此覆灭。这次政变发生在乙巳年（645 年），因此被称作"乙巳之变"。这里要留意的是，灭亡的是苏我氏本宗，而非苏我氏全族。

## 女帝禅让

乙巳之变爆发后，皇极天皇将皇位禅让给同母弟——轻皇子①，孝德天皇诞生。此事可见于皇极天皇纪"让位轻皇子，立中大兄，为皇太子"，以及孝德天皇纪"天丰财重日足姬天皇（皇极）思欲传位于轻皇子"，"天丰财重日足姬天皇（皇极）授玺绶，禅位"。但是据《日本书纪》记载，皇极天皇实际上意欲将皇位让于其子——中大兄，但受到了中臣镰足"古人大兄，殿下（中大兄）之兄也。轻皇子，殿下之舅也。方今，古人大兄在而殿下陟天皇位，便违人弟恭逊之心"的进谏。于是，出于年龄的考虑，皇极将皇位让给了其弟——孝德天皇。

当时让皇极天皇左右为难的是，如何在亲子继承（中大兄）与姐弟继承（轻皇子）之间做出抉择。最终，

---

① 文武天皇即位之前亦称轻皇子。——译者注

她选择了禅位于皇弟。这一姐弟间皇位的传承，大概是受到了一直以来兄弟继承传统的余风影响。而此事的关键在于，皇位继承是建立在皇家的自主意志之上的，其中没有权臣的介入。中臣镰足的谏言也与以往由群臣推举天皇的情况截然不同。

自古以来列岛一直实行王位终身制，而此时天皇以禅让的形式将皇位让于他人。这种生前让位的举措在王权史上可谓开天辟地。然而实际上，在《日本书纪》有关安闲天皇即位的记载中也可发现意为"让位"的内容，即"男大迹天皇立大兄为天皇。即日，男大迹天皇崩"。这段文字代表了关于继体天皇驾崩时间的一种观点，记述了继体天皇在"让位"于勾大兄（安闲天皇）之后便于当日驾崩的内容。也就是说，在继体天皇尚在时，安闲天皇便即了位。但是，尽管存在这样有关驾崩的记载，在《日本书纪》中，安闲天皇却是经过了两年的空白期后才登上皇位的①。并且，关于继体天皇的死亡年份，流传着三种不同的说法，尚无法确定孰真孰伪。考虑到诸多不确定的因素，因此还不能断言继体天皇是天皇生前让位的第一人。

问题的关键在于皇极天皇是出于何种原因而禅让的？

---

① 《日本书纪》中继体天皇的死亡年份为继体二十五年（531），而安闲元年为534年。——译者注

究其原委，首先需要梳理禅让的相关历史。在之前的天皇史中，实行的是王或天皇一生在位的终身王位制，君主驾崩时才进行世代更替。但是，自皇极天皇之后，持统、元明、元正、孝谦这些女天皇都相继有过一次禅让的举措，其中必然隐含着女天皇独有的缘由。相继发生在四人身上的禅让之举绝非偶然现象，而其发轫者就是皇极女帝。

近年来，女帝论出现一种倾向，即讨论时完全忽略男女性别问题。然而，纵观 7 ~ 8 世纪的天皇史可知，禅让后又重祚的一律为女天皇（表 3 – 1）。只有承认女天皇的性别特征才能揭示禅让与重祚的真相。

表 3 – 1　皇极天皇以后的皇位继承

| | 即位时的地位 | 退位 | 次代天皇 | 历史事件 |
|---|---|---|---|---|
| **皇极** | 皇后 | 禅位 | 同母弟 | 大化改新 |
| 孝德 | | 亡 | 同母姐 | |
| **齐明** | 皇祖母尊 | 亡 | 子 | 重祚 |
| 天智 | 太子 | 亡 | 同母弟 | |
| 天武 | 大皇弟 | 亡 | 皇后 | 于壬申之乱获胜 |
| **持统** | 皇后 | 禅位 | 孙 | 禅位后，称太上天皇 |
| 文武 | 皇太子 | 亡 | 母 | |
| **元明** | | 禅位 | 子 | |
| **元正** | | 禅位 | 弟（文武）之子 | |
| 圣武 | 皇太子 | 禅位 | 子 | |
| **孝谦** | 皇太子 | 禅位 | 天武之孙 | |
| 淳仁 | 皇太子 | 废位 | | |
| **称德** | 太上天皇 | 亡 | 天智之孙 | 重祚 |

＊黑体字为女帝。

## 禅让的政治意义

那么，皇极天皇因何禅让皇位呢？乙巳之变是一场天皇派势力为集中皇权而发动的政变。皇极天皇即位之际，苏我虾夷以留任的形式继任了大臣一职，苏我虾夷、苏我入鹿父子的政治势力可谓如日中天。事实上，皇极天皇的即位就是由苏我氏主导下的众臣推举实现的。然而，皇极天皇的让位却并非缘于苏我氏本宗的灭亡。

我们可从另一角度思考，即皇极天皇的禅让会给政坛带来何种变化？《日本书纪》有关皇极禅让的记载中，有"（皇极）授玺绶，禅位"的文字。也就是说，新皇位继承者的选定是基于皇极天皇自主意志的。以往的皇位继承基本由群臣推举决定，但是这一次没有按照惯例行事，而是根据皇极天皇禅让这种皇家自主意志确立了下一任天皇。

《日本书纪》对当时的情景做了如下描述：

> 轻皇子，不得固辞，升坛即祚。于时，大伴长德。连，带金靫，立于坛右。犬上建部君，带金靫，立于坛左。百官臣连国造伴造百八十部，罗列匝拜。

在此，我们可以观察到一种崭新的即位仪式。面对即位的孝德天皇，群臣列队行拜新天皇之礼。通过这种仪式，天皇不但实现了集权，同时也把控了即位的程序。

在朝鲜半岛政治影响之下爆发的乙巳之变，使皇家与众臣的力量对比发生了巨大的转变。它实现了权力向皇家的聚拢，为皇家凭其意志决定皇位的继承创造了政治条件。可以说，女天皇的禅位正是在这样的政治形势中得以实现的。

但是，禅让之举能够实现，与即位的天皇身为女性的条件也是密不可分的。不可否认，正是她们的女性天皇身份才使禅让成为可能。推古天皇之所以会出现，是因为钦明天皇的孙辈中没有合适的男性继承者，于是她才被以钦明天皇儿女辈（推古天皇的兄弟：敏达、用明、崇峻）的身份选出。皇极天皇即位时，沿袭了推古天皇的先例。也就是说，两者的共通之处在于，她们都不符合"男性皇子拥有继承资格"的规定，而是以具有政治资质和统治能力的原皇后身份即位的（荒木敏夫『可能性としての女帝』）。换言之，重点在于女天皇存在于"男性皇子拥有继承资格"的范畴之外。这一点是不可忽视的女性天皇的即位特征，同时也是禅让原因之一。

最初，皇极天皇抱有将皇位禅让于其子中大兄的想法。但是中大兄的年龄在 20 岁左右（《日本书纪》舒明十三年条记为 16 岁），从当时对继承者政治能力的要求来看，不得不说他年纪尚轻。大概是出于这一原因，朝廷

**古代日本的女帝**

便按照兄弟间继承的惯例，让和皇极天皇同辈的其弟——孝德天皇即了位。不过，参照之后颁布的律令法，孝德天皇的即位其实存在诸多问题。皇极天皇（宝皇女）虽原为敏达天皇的曾孙女，为三世王，但由于其夫舒明天皇即了位，因而成为皇后。这在她的即位过程中起到了至关重要的作用。但是，孝德天皇仅仅是凭皇极天皇之弟的身份登上皇位的。换言之，如果从他与之前男天皇的关系来看，孝德天皇应为三世王，即位的可能性可谓相当低。

总而言之，皇极天皇的禅让是在乙巳之变的政治背景之下发生的，她的生前禅让之举在天皇史中具有划时代的意义。它开创了一种以禅让来完成皇位传承的方式，是历史上的重要一幕。以这次禅让为里程碑，自此以后，皇位传承都在王权持有者的自主意志之下进行。不过，大概是禅让始于特殊背景的缘故，第二次禅让直到持统天皇时期才出现。不过据《日本书纪》记载，中大兄等人由难波宫迁居至大和之际，孝德"天皇，恨欲舍于国位令造宫于山碕"[1]（白雉四年是岁条）。可见，孝德天皇也曾抱有禅让的想法。

---

[1] 据《日本书纪》载，白雉四年，孝德天皇与中大兄皇子在迁都问题上意见相左，随后，中大兄皇子和退位后的皇极携间人皇后、大海人皇子移居倭飞鸟河边行宫，朝中百官皆随行离去。因此，孝德天皇心生怨恨而欲弃皇位，并命人在山碕营建宫室。下文亦有叙述。——译者注

## 孝德朝的政治

在以孝德天皇为首的新政权下，中大兄被立为"皇太子"。由于"皇太子"一词是自《净御原令》实施后才开始使用的，因此实际上当时的称号应为"太子"。另外，阿倍仓梯麻吕（内麻吕）被任命为左大臣，苏我仓山田石川麻吕被任命为右大臣。据《日本书纪》记载，孝德朝首次使用年号，即"大化"。但是，大宝元年（701）以前的木简都使用"乙巳"等干支来纪年，基本上没有使用大化年号。

政治改革方面，孝德朝向东国颁布"东国国司之诏"，同时还下诏全国，实施了以下政策：①户口调查（制作户籍）；②土地调查（校田）；③武器缴公（与虾夷接壤的地区须返还武器）。"东国国司"所掌职权中包括对郡（"郡"字根据《大宝令》改动，当时用"评"字）官员的任命，这一点与《改新之诏》的内容有所关联。

大化元年（645）九月，朝廷以"谋反"罪镇压了在吉野出家（现奈良县吉野町）的古人大兄，之后迁都难波。

翌年正月，颁布《改新之诏》。诏书由以下四项主要内容以及十三条副文构成。

（1）罢昔在天皇等所立子代之民、处处屯仓，及别臣连伴造国造村首所有部曲之民、处处田庄。仍赐食封大夫以上各有差。……（向公民制转型）

（2）初修京师，置畿内国司、郡司、关塞、斥候、防人、驿马、传马，及造钤契，定山河。（整顿完善中央与地方的行政机构）

（3）初造户籍、计帐、班田收授之法。（调查人口、土地）

（4）罢旧赋役，而行田之调。（税制方针）

《改新之诏》仅见于《日本书纪》，主文与副文曾以《大宝令》为基准进行过润色与修改。《日本书纪》编纂者意图在改新诏书中为日本与中国大唐比肩的立场追根溯源。

诏书的基本方针是为了实现从部民制向公民制的转换（第一项），以及行政单位"京"、"畿内国"、"评"（郡）的设置（第二项）。大化改新之前的国造制由此废止，"评"的地方行政单位确立。孝德朝所设立的"评"很可能以 50 户为单位。第四项中的税制也是以 50 户为单位来执行的。因此，以 50 户为单位来管理百姓的统治机制极可能是在孝德朝产生并运行的。第三项、第四项中虽记载了多项改革政策，但至今还未能发现可以佐证其确实被执行过的同时代史料。

上文曾提及，孝德天皇在即位后迁都至难波。但实际上，一行人辗转多处行宫之后才于白雉三年（652）定都难波长柄丰碕宫。这座前期难波宫①的遗址位于现大阪市中央区。在它的东西两侧分别发现了七间厅堂遗迹，"朝堂院"的建筑结构为十四堂。相较于朝堂为十二堂的藤原宫、平城宫而言，前期难波宫显得别具一格。

### 禅让后的皇祖母尊——皇极

接下来，我们探究一下皇极天皇禅让后的动向。孝德天皇即位当日，皇极天皇"奉号于丰财天皇，曰皇祖母尊"（《日本书纪·孝德即位前纪》），由此被称为"スメミオヤノミコト"②。那么，"皇祖母尊"的名称有何意义呢？

在8世纪律令制的规定下，天皇禅让后会被称为"太上天皇"。而皇极天皇则被称为"皇祖母尊"。从字面上看，它显然不包含"天皇"的意思。和"皇祖母尊"相近的词语还有"皇祖母命"。吉备姬王、糠手姬皇女

---

① 朱鸟元年（686）毁于火灾，天平十六年（744）圣武天皇在同一地点重修难波宫。后世为区别二者，将前者称为前期难波宫。——译者注

② 此处的片假名是"皇祖母尊"的日语发音，读作 sumemioyanomikoto。——译者注

**古代日本的女帝**

就分别被称为"吉备岛皇祖母命（キビノシマノスメミオヤノミコト）"（皇极二年九月条）、"岛皇祖母命（ノシマノスメミオヤノミコト）"（天智三年六月条）。以下，我们就以"皇祖母命"一词为线索，进行细节部分的探讨。

吉备岛皇祖母命（钦明天皇曾孙女）为皇极天皇生母，岛皇祖母命（敏达天皇皇女）为舒明天皇生母（天智天皇祖母）。也就是说，她们都是天皇的生母（或祖母），而非原天皇。因此可知，"皇祖母"不包含"天皇"之意，皇极天皇被赋予的"皇祖母尊"之称并不代表"前天皇"身份。吉备姬王、糠手姬皇女都未曾即位，因此为了避免人们将她们与皇极天皇等同视之，故以"尊"字表记皇极。如此看来，"太上天皇"和"皇祖母尊"的确有所不同。

此外，《续日本纪》中有一处出现"皇祖母"一词，见于圣武天皇的即位宣命①中，这里的"皇祖母"指元明天皇。原文的大致内容为，文武天皇欲让位于生母即元明天皇，而非年纪尚幼的皇子——圣武天皇。由此可

---

① 意为宣布天皇敕命的诏敕。使用汉字表记，但与一般的汉语文体不同，使用日语语法体系。大写的汉字，字意不变，但用日语发音。小写的汉字，没有实际意义，用以表示日语发音。由于宣命体不易理解，对于下文中出现的宣命，在尽量保留原文汉字的前提下加以翻译。——译者注

知，即便已是 8 世纪初期，"皇祖母"仍被用作形容天皇生母。

由于皇极天皇的禅让史无前例，当时还没有"太上天皇"这一专门表示"尚在人世的前天皇"的正式称号。"皇祖母"最初大概是被当作"皇姐"的意思来使用的。如果这一推断无误，那么"皇祖母尊"应是皇极天皇在禅让之际被奉上的称谓。但吉备岛皇祖母、岛皇祖母都是天皇的生母，"皇"是体现皇亲身份的美称，"祖"的意思为父母亲。"祖母"是对天皇生母即"ミオヤ"表达尊敬的词语（新编日本古典文学全集『日本書紀』）。根据这一解释可推论，皇极天皇是天智、天武两天皇的生母，因此两位皇子即位之后，她被尊称为皇祖母尊。还有一种可能是，在禅让之际，她的称谓被赋予了"天皇家的女性尊长"的含义。但不论是何种解释，"皇祖母尊"一词都没有"太上天皇"或"前天皇"的含义。

此外，《日本书纪》中还可见"皇祖天照大神""皇祖之灵""皇祖宗庙""皇祖御魂""皇祖等之腾极次第"等使用了"皇祖"的词语。这些词语中，"皇祖"意为皇家先祖。孝德天皇纪中所见的"皇祖大兄"（大化二年三月条）指孝德天皇的祖父——押坂彦人大兄，应当与"皇祖母尊"区别讨论。由于这些问题趋于艰涩，在此返回原本的论述。

## 皇祖母尊的动向与中大兄

"皇祖母尊"的问题暂且讨论至此，接下来我们考察《日本书纪》记载的一段孝德即位五日后发生的事情，如下：

> 天皇、皇祖母尊、皇太子，于大槻树下，召集群臣，盟曰。告天神地祇曰"天覆地载。帝道唯一。而末代浇薄，君臣失序。皇天假手于我，诛殄暴逆。今共沥心血。而自今以后，君无二政，臣无二朝。若二此盟，天灾地妖，鬼诛人伐。皎如日月也。"

天皇（孝德天皇）、皇祖母尊（皇极天皇）、皇太子（中大兄）在群臣面前盟誓，将同心协力建立政治统一战线。《日本书纪》的这段记载只要没有严重讹误，那么应当说，皇极的前天皇身份在这里得到了公正的定位。

从上述孝德天皇在大化改新之后实施的政策来看，他并非政治傀儡，作为大和王权的君主，他忠实地履行了自身的历史职责。同时，中大兄的政治动态亦不可等闲视之。在大化元年九月发生的古人大兄谋反事件当中，告密者就是向中大兄自首的。随后，中大兄亲自领军攻杀了古人大兄。并且在大化五年三月发生的苏我仓山田石川麻吕事件①中，也是中大兄最先接到了他人对石川麻吕的诬告。这时，虽然有孝德天皇处理事件，但可以肯定的是，中大兄作为皇太子也积极展开了政治活动，他把控着一部分核心权力。另外还需注意的是，孝德朝时期与中大兄并肩行动的皇极的动向。白雉四年（653）发生的迁都事件就极具代表性。

> 是岁，太子（中大兄）奏请曰，欲冀迁于倭京。天皇，不许焉。皇太子，乃奉皇祖母尊间人皇后，并率皇弟（大海人皇子）等，往居于倭飞鸟河边行宫。于时，公卿大夫百官人等皆随而迁。

这段文字记载道，中大兄奏请从难波迁都至倭（大和），但未得到天皇的准许，于是中大兄便携皇祖母尊、间人皇后移居到了飞鸟河边行宫。

在此要略做赘述的是，皇祖母尊为中大兄的生母，间人皇后为中大兄之妹。这一时期，天皇与皇后分居两处且

---

① 苏我仓山田石川麻吕，又名苏我石川麻吕、苏我仓山田麻吕。苏我马子之孙，苏我虾夷为其伯父，与苏我入鹿为表兄弟关系。但很早脱离虾夷、入鹿势力，在诛杀苏我入鹿时，三韩献贡的表文由其唱读。大化五年，遭异母弟苏我日向告发其欲图谋反，与妻儿、族人在山田寺前自戕。有人认为这一事件的主谋为中大兄和中臣镰足。——译者注

没有子女。孝德天皇与皇后之间的感情纽带似乎并不牢固。而中大兄与母亲皇极之间的关系则十分紧密。因此，当时即使孝德天皇正罹患疾病，中大兄也能够偕同母亲、妹妹一齐迁往难波宫。另外，孝德天皇去世、一行人移居飞鸟河边行宫之际，他也一直侍奉在皇祖母尊的左右。显而易见，中大兄需要的不是单枪匹马的行动，而是与皇极的共同进退。换言之，皇极作为前天皇，在当时仍发挥着重要的政治作用（義江明子『古代王権論』）。

在这样的背景下，孝德天皇于难波宫失意而终。

## 2 "重祚"的齐明女帝与中大兄

### 女帝的再度登场

齐明元年（655）正月，皇极天皇于飞鸟板盖宫再度即位，齐明天皇诞生。一度退位后再度即位的行为，称为"重祚"。这是继禅让之后天皇史上的又一项空前之举。由于天皇在位时会被赋予一个汉风谥号，于是同一天皇亦可有两个不同的汉风谥号，她也因此先后被称为皇极天皇与齐明天皇。但她的和风谥号不变，仍为天丰财重日足姬。

孝德天皇与皇后虽无子嗣，但与左大臣阿倍仓梯麻吕之女——小足姬诞下了有间皇子。作为孝德天皇之子，有间皇子成为皇位继承人之一。从下文要叙述的事件，即有间皇子遭人煽动、最终被杀一事中也可看出，他无疑是一位十分有望继承皇位的皇储。另外，除了聚焦这一政治事件以外，我们同时不可忽视的是，齐明天皇即位时有间皇子约为 16 岁左右。年龄尚轻或许也是他未能即位的原因，并且他的外祖父阿倍仓梯麻吕也已于大化五年（649）离世。

在这样的政治形势之下，下一任天皇的人选就落在了皇极和中大兄母子二人的身上。之后，皇祖母尊即位，而 30 岁左右的中大兄依然以太子身份执政。如上文所述，孝德天皇纪记载了中大兄因迁都等问题而偕同皇极（前天皇）采取政治行动的情况。假如这些记载未受到齐明重祚的史实以及后来太上天皇等因素的影响，那么可知他行动的原因在于当时已经认识到了其母亲即前天皇的存在价值。

此外，发人深思的是大化三年十二月条中"是日，灾皇太子宫。时人，大惊怪"的记载。从考古学角度已很难确认当时是否发生了火灾，但可以说火灾在某种程度上也反映了官吏、百姓的愤懑不满。对于中大兄而言，其所处的环境不容乐观。从齐明去世后他仍以太子身份执政的情况来看，身居太子位这件事也自有其意义。

**古代日本的女帝**

不过相较于太子位本身，问题的重点在于女帝与太子之间的关系。舒明十三年十月条中可见"东宫"二字，如果这条记载准确，那么就表明中大兄在皇极女帝在位时期的身份也是太子。这种关系的先例可追溯至推古天皇与厩户皇子的关系：厩户皇子就是以太子身份在女帝左右展开政治活动的。最近的研究出现一种错误倾向，即太子（皇太子）的历史作用未被充分重视和肯定。

在围绕女帝再次登场的记载中，《日本书纪·齐明天皇纪》的开篇和结尾处分别安插了一段颇具虚幻色彩的故事。齐明天皇正月即位后，发生了以下这件事：

> 空中有乘龙者。貌似唐人。着青油笠，而自葛城岭驰隐胆驹山。及至午时，从于住吉松岭之上西向驰去。

这段文字描述了一位御龙而行者由南向北，从矗立于大和与河内交界处的葛城山飞至胆驹山（生驹山），之后又从河内住吉飞驰而去，遁匿在西方海域的情景。齐明天皇所建的飞鸟板盖宫，就位于御龙者的东方视野中。

此外，齐明七年（661）五月，为"救援百济"，齐明女帝亲征来到了位于筑紫的朝仓宫。

天皇迁居于朝仓橘广庭宫。是时，斩除朝仓设社
木而作此宫之故，神忿坏殿，亦见宫中鬼火。由是，
大舍人及诸近侍病死者众。

这段文字记载，为了营建朝仓宫（位于旧筑前国朝
仓郡，现福冈县朝仓市附近），一棵神木遭人砍除，殿
舍也因此毁于一旦。不过，实际情况大概是殿舍被雷击
中而毁的。殿内还出现了鬼火，病死者众多。最终连女
帝也未能幸免，罹病猝逝。在她的葬礼之际，发生了以
下事件：

皇太子奉徙天皇丧，还至磐濑宫。是夕，于朝仓
山上有鬼，着大笠临视丧仪。众皆嗟怪。

这段文字描述了有一鬼于朝仓山远眺朝仓宫的葬礼仪
式的情形。虽然也有观点认为"鬼"与齐明天皇即位时
出现的"御龙者"有关，但相较之下，从朝仓山的相关
神话出发来考察应更为稳妥。

如上所述，记载女帝重祚历史的齐明天皇纪呈现
出一种诡秘离奇的记事风格。这大概是因为对于《日
本书纪》的编纂者而言，她是一位超乎寻常的天
皇吧。

## "好兴事"的女帝

齐明天皇于后飞鸟冈本宫处理政事。关于迁宫后的情况，《日本书纪》中有以下一段记载。

> 于田身岭，冠以周垣，复于岭上两槻树边起观，号两槻宫，亦曰天宫。

也就是说，她曾在田身岭（多武峰）建造了"观"（可能为道观）和两槻宫（亦称二槻离宫）。不过到目前为止，这两座建筑的遗迹还未被发现。

女帝亦有"好兴事"之评，曾推动了诸如所谓"狂心渠""石山丘"等多项土木工程的实施（齐明二年是岁条）。关于史书中记载的始于香具山以西、止于石上山的"狂心渠"，人们发掘出一条开凿于飞鸟丘陵西侧的人工河道，它可能是连通今天寺川河道的原狂心渠。同时，在位于明日香村大字冈的"酒船石"遗迹周围还发现了呈垒砌状的石垣。

此外，齐明女帝还令人兴建了诸如苑池之类的土木工程，石神遗迹①中的第一期遗构就是齐明朝建筑的遗影。

---

① 石神遗迹为 7 世纪遗迹，由于同一地点重复进行了多次殿舍的建造，因此发掘出的遗迹主要分为三期，第一期为齐明朝期、第二期为天武朝期、第三期为藤原宫期。——译者注

齐明六年（660）中大兄命人修造的漏刻（以水为动力的计时器）现在已变迁为水落遗迹。就这样，齐明朝至天武朝期间，王宫中的附属设施，包括苑池、铺石庭苑等逐渐趋于完善。

以孝德天皇之子即有间皇子为首的"有间皇子之变"与这一系列土木工程有不可分割的关系。有间皇子曾经佯装失心疯，前往纪伊国牟娄温泉（现和歌山县白滨町温泉）疗养，后来自告病愈并向天皇盛赞牟娄如何地灵物美。翌年，齐明天皇便出宫行幸牟娄温泉。据说就在这一期间，留守官吏苏我赤兄向有间皇子历数了齐明"政事有三失"（齐明四年十一月条）：

（1）大起仓库积聚民财。

（2）长穿渠水损费公粮。

（3）于舟载石运积为丘。

虽然这"三失"确实很可能是事实，但它们也是苏我赤兄用以挑拨煽动皇子的借口。对此表示赞同的有间皇子被扣上谋反之名，遭到苏我赤兄的逮捕，后被押送至牟娄温泉遭到杀害。

就这样，有间皇子被谋害致死。这一时期的皇位继承者人选，便只剩下中大兄一人。

## 白村江之战

齐明六年（660）百济来使，告知倭国朝廷百济国王等被新罗－唐联军降服的消息。同时，使臣鬼室福信还献上唐人俘虏，请求送还作为人质滞留在倭国的王子——余丰璋，并向百济派遣援军。年届 68 岁的齐明天皇应允了鬼室福信的请求，决定送还余丰璋。

如上文所述，在援救百济时，齐明天皇御驾西征。军队在横渡濑户内海之后，到达筑紫的那大津（可能为今福冈市博多港）。途中，大田皇女（中大兄之女）于大伯海域（旧备前国邑久郡、今冈山县濑户内市海域）诞下大伯皇女。由此可知，这次亲征的随行中甚至有待产的皇女。之后，一行人转至朝仓宫。而就在这里，如上文所述，齐明天皇出人意料地猝逝了。

当日，中大兄身着素服（白色麻衣）宣布称制（没有正式举行即位仪式而直接执政）。不久后，他派遣外征军出战新罗，大军由前将军阿昙比罗夫、后将军阿倍引田比罗夫率领的前、后二军组成。而余丰璋被倭国册命继承百济国王位之后，被送返故国。即便百济在此前已是倭国的朝贡国，但倭国朝廷还是实施了对百济国王的册封。

然而，此时的百济却正在上演一场围绕迁都问题的朝

廷内讧①。至天智二年（663），倭国又向新罗派遣27000
人的征讨军，分别编入由前、中、后将军分领的三军。但
就在这样的局势下，百济国王余丰璋却怀疑鬼室福信欲图
谋反并将其斩杀。之后，百济－倭国联军与新罗－唐联军
在白江村展开一场殊死决战，以惨败告终。

### 女帝与立太子

　　在本节最后，我们将就女帝与太子的关系问题进行
整理总结（表3－2）。首先考虑推古天皇的情况。据
《日本书纪》记载，推古元年四月厩户皇子（圣德太
子）被立为太子。《隋书·倭国传》中可见"名太子，
利（和）歌弥多弗利"的记载。厩户皇子身为太子的史
实无疑。

　　其次，皇极天皇时期，中大兄的身份可能为太子。舒
明十三年十月条中"东宫"（皇太子）的文字记载是其根
据所在。不过，尚未有确凿的证据可证明这条记载属实。
皇极天皇在位时期是否册立了太子，尚不明确。史书记
载，孝德天皇即位时，已将中大兄立为太子（《日本书纪·

---

① 662年，余丰璋进入由鬼室福信固守的天然要塞周留城。663年，
　余丰璋认为应从粮草匮乏的周留城迁都至粮食丰足的僻城，遭到自
　其在倭国时就侍奉左右的旧臣秦田氏的反对，但鬼室予以同意。迁
　至僻城后，遭新罗袭击，再次返回周留城。由此，余丰璋与鬼室福
　信关系恶化。——译者注

古代日本的女帝

表 3 – 2　女帝与太子

| 女帝 | 即位时有无子女 | 太子 | 与天皇的关系 | 次代天皇 | 备考 |
|------|------|------|------|------|------|
| （神功皇后） | 有（即位） | 誉田别皇子（应神） | 子 | 应神（子） | 以皇太后身份摄政 |
| （春日山田皇女） | 无 | — | — | 钦明（安闲异母弟） | 受钦明推举，未即位 |
| 推古天皇 | 有 | 厩户皇子（亡） | 侄子 | 舒明（孙辈） | 在位期间，太子亡 |
| 皇极天皇 | 有 | （中大兄） | 子 | 孝德（同母弟） | 有观点认为古人大兄为太子 |
| 齐明天皇 | 有（即位） | 中大兄（天智） | 子 | 天智（子） | — |
| （倭姬王） | 有 | — | — | 天武（天智同母弟） | 受天武推举，未即位 |
| 持统天皇 | 有 | 草壁皇子（早亡）子 | 子 | 文武（孙） | — |
| | | 轻皇子（文武） | 孙 | — | — |

天智即位前纪》）。假如中大兄是在皇极朝被立为太子的话，那么孝德即位时，很可能是重新确认了他的太子身份。孝德天皇去世后，齐明天皇重祚，中大兄依然以太子的身份立身行事（齐明四年十一月条、齐明六年五月条等）。

此外，如下一节将要讨论的，在持统天皇即位后，其子草壁皇子在史书中的称号为"皇太子"。草壁被立为太子一事是确凿无疑的。如此看来，女帝当政时期，立有男性太子的可能性颇高。

这种女帝与太子之间的紧密关系，可以在天智天皇罹病而欲让位于大海人皇子之际，大海人皇子的回答与行动中窥见一斑。据记载，面对天智天皇的嘱托，大海人皇子的回旨如下（《日本书纪·天武即位前纪》）：

> 愿陛下举天下附皇后，仍立大友皇子宜为储君。
> 臣今日出家，为陛下欲修功德。

在此，大海人皇子进言由天智皇后——倭姬王即位，同时册立大友皇子为太子。换言之，由这段文字可知，前皇后即位和册立太子是两件关联十分紧密的事项。

另外，虽属于传说，神功皇后的情况也可作为参考。神功皇后在仲哀天皇去世后是以"摄政"形式展开统治的，身份为"前皇后"，而非天皇。《日本书纪》可见"立誉田别皇子（之后的应神天皇）为皇太子"（摄政三年正月条）的文字，记述了誉田别皇子被立太子之事。毋庸赘言，这段文字和神功皇后的相关记载一样，不能将其视为历史纪实。不过引人瞩目的是，"摄政"和"立太子"的关联与 7 世纪女帝即位和立太子的记载十分相似。

如上文所述，表 3－2 列举的女帝以及其他受到推戴的人物全都是前皇后，并且她们的即位与立太子也有紧密关联。在此要附带提及的是，自继体天皇到天武天皇这一期间，男天皇中，继体、钦明、用明、（舒明）、孝德、天智、天武各天皇都可能册立了太子，而未册立太子的则有安闲、宣化、敏达、崇峻几位天皇。由此可见，男天皇在位时，并非一定要册立太子。

# 3　天智天皇与天武天皇

## 天智朝之始

如上文所述，齐明天皇去世后，中大兄依旧身居太子位，于筑紫执掌政务。据说在白村江战败的消息传来后，他即刻启程返回了飞鸟。天智七年（668），中大兄正式即位。他此前的统治方式被称为"皇太子摄政"（『藤氏家传』）。

这一期间，占领百济的唐军司令官刘仁愿分别于664年派遣郭务悰、665年派遣刘德高和郭务悰等人出使筑紫。研究指出，唐的目的在于修复与倭国的外交关系，同时稳定原百济领土的政治局势。

同时，出于对唐的防备，倭国朝廷于664年在对马、壹歧岛、筑紫驻扎防人，设置烽火台，并在筑紫修建水城。这座水城至今仍立于大宰府市内，残留的堤状土垣依稀可见往日旧容。第二年，朝廷派遣流亡的百济人到长门（今山口县）和筑紫去修建朝鲜式山城。此外，667年，朝廷又在对马和赞岐（今香川县）、大和（今奈良县）修筑了朝鲜式山城。这些山城现今也都成为各地的历史遗迹，向人们诉说着当时的危险形势。大宰府背靠的四王寺山上有一座名为大野城的山城，其断壁残垣依然可见。而位于冈山县总社市的鬼城，其城楼等建筑物现已得到复原。

天智六年（667），中大兄迁都至近江大津宫（今滋贺县大津市），于翌年即位。天智朝时期，中央太政官之下新置了六官，即法官（之后的式部省）、理官（之后的治部省）、大藏（之后的大藏省）、兵政官（之后的兵部省）、刑官（之后的刑部省）、民官（之后的民部省）。此外，又设置了神官（之后的神祇官）与内官（之后的宫内省）。就这样，官僚制机构在天智朝时期趋于完善。

在地方行政组织方面，设置了"令制国"，这相当于律令制中的"国"。在国的下一级，由于孝德朝时已设有"评"（自《大宝令》后改为"郡"），因而形成了被称为国评制的双层行政组织。670年，朝廷在全国制定庚午年籍①。律令法规定其为永久保存的户籍。可见，当时朝廷已具备

---

① 日本制定的最早的全国范围的户籍，已散逸。670年为庚午年，因此被称为庚午年籍。在此之前，户籍保存的年限为30年。——译者注

能够制定全国户籍的地域行政能力。

此外，天智朝还完成了对古代国家政治核心——律令政治的构想，制定了"不改常典法"即直系皇位继承法。关于此法，将于第四章详述。

## 壬申之乱

有观点认为，天智天皇制定"不改常典法"，是为了促成其子大友皇子的即位。但是，大友皇子的生母是被视为"卑母"的伊贺采女，不具备高贵的血统。并且，按照以往的皇位继承法，凡存在与天皇同辈的继承人选，皇位就要以兄弟继承的形式传承。也就是说，天智天皇去世后，皇位应由皇弟——大海人皇子继承。《日本书纪》记载，天智天皇即位的天智七年（668），大海人皇子被立为太子。但是，《日本书纪》也有可能是为了将大海人皇子的即位正当化而杜撰了立太子一事，因此很难断言这段记载具有百分之百的可信性。

天智十年（671），大友皇子就任太政大臣，地位开始高出大海人皇子。同年十月，天智天皇病情恶化，将大海人皇子传至病榻，托付后事。如上文所述，事前已有防患于未然之心的大海人皇子，向天智天皇进言由皇后倭姬王即位、立大友皇子为太子，并自愿出家。两日后，被准许到吉野进行佛教修行的大海人皇子离开了近江大津宫，经由大和岛宫（今奈良县明日香村岛庄附近），于翌日到达吉野宫（今奈良县吉野町宫泷附近）。

在大津宫，大友皇子在没有举行正式即位仪式的情况下开始执掌政务。由于大友皇子之父天智天皇曾以太子身份执政六年，而且当时大友皇子正处于为先帝服丧期间，因此未能举行即位仪式。

天武元年（672）五月，大海人皇子从舍人那里得知了近江朝廷的政治动向，于是决意逃离吉野，向东国挺进一决胜负。此时，他已在吉野宫生活了半年时间。于是，"壬申之乱"爆发了。

纵观战事经过，大友皇子方面如果在初期阶段先发制人，其赢得胜利的可能性还是颇大的。但是，他似乎执着于要在正规作战中取胜，而最终被擅长于战略战术的大海人皇子击败。获胜的大海人皇子即位，天武天皇诞生。

壬申之乱的"壬申"是天武元年的干支纪年，在奈良时代的汉诗集《怀风藻》中可见"（大友皇子）会壬申年乱，天命未遂"的记载，反映出这段历史很早就被人们视为"壬申之乱"了。

### 天武天皇即位

《万叶集》中可见以下两首题词为"壬申年之乱平定后之歌"的歌谣。

**古代日本的女帝**

往昔遍田地，赤驹多腹泥，因君为神明，新京拔地起。（4260）

往昔遍沼泽，水鸟多云集，因君为神明，皇都今朝立。（4261）①

这两首歌谣歌颂了大海人皇子"平定"壬申之乱后营建都城的事迹。不过应注意的是，实际上，飞鸟净御原宫的地点位于现飞鸟京遗迹的上层遗址，既不是"赤驹の腹這ふ田居"②（"赤驹多腹泥"的田地），也不是"水鳥のすだく水沼"（"水鸟多云集"的沼泽）。由此可知，歌谣并不是描述营建都城的现实主义作品，而是对天皇历尽艰辛于壬申之乱取胜后营建了净御原宫这一伟业的歌颂。换言之，歌谣的创作目的不是赞扬现实中的净御原宫的营建过程，而是为了称颂营建了净御原宫的天武天皇。

其次，"大君は神にしませば"（因君为神明）通常被解释为"因为大君是神"。但是实际上关于这句话，正

---

① 日语为"大君は神にしませば赤駒の腹這ふ田居を都と成しつ（4260）""大君は神にしませば水鳥のすだく水沼を都と成しつ（4261）"。另外，请参考杨烈译《万叶集》（上下册），湖南人民出版社，1984，第333页："此日终平乱，天皇信有神，赤驹驰骋处，田井作京城"，"此日终平乱，天皇信有神，集多水鸟处，水沼作京城"。——译者注

② 对此学界存在两种解释，一是马休息时伏卧在土地上，腹部贴着地；二是马在泥泞的水田中耕作，腹部贴近地面。——译者注

如折口信夫指出的那样，"'因为天子是神'的这种说法意味着：天子既然是真正的神，那么都城竣工就不算什么令人惊奇之事，无需大书特书"，它的真正内涵是为了赞叹"生为肉身的凡人，却能成就如此非凡的大业"（「宫廷生活の幻想」）。可见，壬申之乱后的都城建设是一个意义极为重大的事件。

根据目前的研究可知，天武天皇是最早使用"天皇"这一君主称号的王。天武天皇深知，百济王朝的灭亡是白江村之战败北带来的恶果。并且，他在壬申之乱中克服了千难万阻才取得胜利，亲身体验并领悟了"凡政要者军事也"（天武十三年闰四月条）的"政治学"。由此，天武天皇开启了专制君主的雄图大业。

即位后的天武天皇没有进行对从一般官吏到太政大臣、左右大臣的任命，而是力行亲政。他起用草壁皇子、天智天皇皇子即川岛皇子等皇亲，推行所谓的皇亲政治。他还制定了畿内贵族官员的晋升规则，以及官员考课、选叙的条例。这些日后影响律令官僚制发展的基本措施就这样被相继推展开来。

### 天智与天武的血统

自7世纪的推古朝起，皇室内的近亲婚姻逐渐增多（参照图2-4）。在钦明天皇的子女辈中，敏达天皇与推古天皇、用明天皇与穴穗部间人皇女双双成婚，兄弟二人迎娶了自己的异母姐妹。在古代，生母相同的兄弟姐妹之间的婚姻被视为禁忌，但如果生母不同则被容许。

不过，天智天皇与天武天皇却因更为复杂的婚姻关系而联结在了一起。天智天皇与嫔妃、宫人共生有十位皇女。其中许配给天武天皇为妃的皇女有四人，即大田皇女、鸬野皇女（生母为远智娘）、新田部皇女（生母为橘娘）、大江皇女（生母为色夫古娘）。并且，天智天皇还将三位皇女嫁给了天武天皇的皇子，因此实有七位皇女嫁入天武天皇家。另外，天武天皇也将三位皇女嫁给了天智天皇的皇子。

这样的近亲结婚有何意义呢？近亲结婚，意味着氏族内部血缘关系的不断融合。这是一个以排除与其他氏族通婚的方式来推进同一氏族内部封闭式的集团化过程。有学者指出，近亲结婚不仅发生在王族，在古代豪族中，如历史悠久的大伴氏以及新兴的藤原氏中也都存在这一特点（西野悠紀子「律令体制下の氏族と近親婚」）。同族婚姻的现象可谓是包括王族在内的古代社会的一大特征。

如此看来，皇族与豪族在近亲婚姻的问题上呈现共同点。但是，苏我氏、大伴氏等氏族的氏上①无一例外都由

---

① 氏族首领，又称氏宗、氏长。——译者注

男性担任，但王权系统中出现了女性首领。原因何在呢？
如上文所述，与氏族中的氏上不同，要成为王权结构顶端
者，仅身为男性远远不够，还必须是年龄适宜的皇子。如
果没有符合条件的人选，推举女天皇的必要性就会随之产
生。我们必须理解女天皇诞生的这一结构性背景。

其结果是，在大和王权系统中，王族在继续与其他氏
族联姻的同时，自舒明天皇起，开始从皇亲（一世王与
二世王）中挑选皇后人选。然而持统女帝之后，文武、
圣武两天皇分别迎娶了出身于藤原氏的人为夫人[①]、皇
后。持统天皇时期曾出现了新的变化。换言之，皇室近亲
结婚的目的是强化以舒明、皇极（齐明）为起点的王族
谱系的王权正统性。而强化正统性的措施告一段落，即持
统女帝之后，皇室与藤原氏之间的联姻现象就显得日益
突出。

如上所述，异母兄妹间的婚姻集中发生在某一个特定
的时期。具体而言，它倾向于发生在王统更替的时期，即
"王权危机时代"（山本一也「日本古代の近親婚と皇位
継承」）。另外，吉田孝认为，王族内部联姻的目的是避
免豪族阶层的渗入。同时他还指出，内部婚配使天皇候选

---

① 　日本后宫等级制度中，夫人的身份低于皇后、妃。关于文武天皇的
　　皇后，《续日本纪》未做记载。——译者注

人的范围变窄并固定化，于是，在拥立男天皇出现困难的情况下，就要由皇后继承皇位（『歴史のなかの天皇』）。也就是说，这一观点认为是先有了"内部婚姻"现象，才诞生了女天皇。如此看来，尽管学者们对近亲婚姻的意义各持己见，但是在近亲婚姻与女帝的诞生有关的这一点上达成了共识。

总而言之，自推古天皇之后，随着皇室血缘关系的日益密切，接连诞生了多位出自同一父系（舒明天皇）血统的天皇。认识到王统重要性的持统天皇一方面保持与藤原氏的联姻关系，另一方面决定进一步限定皇位继承者的血统。

## 天武朝政治

天武二年（673），天武天皇于净御原宫即位。但不久后，676 年，天武天皇便"建都新城"。据考证，"新城"是指新益京（藤原京），于是一项崭新的都城建设计划跃然纸上。此后，藤原宫的营建工程在天武朝末年正式启动。此外，683 年，朝廷还出台了将难波宫定为副都的双都制方针，这大概是对长安、洛阳，即唐的都城制度的效仿。

另外，天武十年（681），天武天皇下诏宣布"朕今更欲定律令，改法式"，同时将草壁皇子立为太子。683

年，又令大津皇子参与朝政。于是，作为皇位继承者，两位皇子都成为有力的候选人。皇太子草壁皇子是持统天皇的皇长子。而大津皇子为天武天皇之妃、持统天皇之姐——大田皇女之子。但大田皇女已于667年过世，因此大津皇子没有来自生母势力的支持。

古代汉诗集《怀风藻》中载有以下一段介绍大津皇子的文字：

> 状貌魁梧，器宇峻远。幼年好学。博览而能属文。及壮爱武。多力而能击剑。性颇放荡。不拘法度。降节礼士。由是人多附托。

文字描写他体貌魁梧、气宇不凡、文武双全，而且礼遇下士，广得众人拥护。可见他天生具有为王的资质，皇后对他怀有戒备之心也就在情理之中了。

天武朝的政治特色在于官僚制的完善，这为日后律令官僚制的形成提供了前提。天武十三年（684），朝廷颁布了"八色姓"制度。以继体天皇以来的皇子为祖先的皇亲氏族，被授予了最高等级的姓——"真人"。阿倍、巨势等氏族被授予了"朝臣"姓，大伴、忌部等氏族被授予了"宿祢"姓。通过这一举措，天武朝奠定了官僚制秩序的基础，形成了新的氏族身份秩序。

翌年天武十四年（685）起，天武天皇频频抱恙，于是在第二年发布了"天下事，不问大小，悉启于皇后及皇太子"的敕令，将政务悉委于皇后与皇太子（草壁皇子）。在鸬野皇后政治活动的作用下，新朝廷的政局开始受她和草壁皇子操控。于是，大津皇子的存在便成了他们心中的隐患。

同年九月九日，天武天皇病终。

# 4 太上天皇的诞生——持统天皇

## 持统天皇即位

据《日本书纪》记载，在天武天皇殡宫修建前后，"皇后临朝称制"（持统即位前纪）。可见，鸬野皇后似乎在当时就已将政权收入囊中了。

"临朝称制"多见于中国正史，它指皇太后等人以皇帝年幼等为名义执掌政务。但是，日本的"临朝称制"并非对中国先例的仿效，它是指在没有正式即位的情况下执掌政务。

随后不久，发生了大津皇子"谋反"暴露且其本人被捕后被迫自杀的事件。这一事件导致可与草壁皇子相抗衡的皇子出局。然而，具有讽刺意味的是，持统三年

（689）四月，草壁皇子猝逝。其后六月，朝廷设置了撰善言司（编撰《善言》即教育帝王教材的机构）。可想而知，继续称制的鸬野皇后已下定决心，要等待草壁皇子之子即她的皇孙轻皇子长大成人之后，再将皇位传于他。轻皇子当时年仅7岁。

当时，天武天皇的多位皇子，如高市皇子、刑部皇子等都在世，可以继承皇统。因此，鸬野皇后为了让自己的直系皇孙即位，唯一的方法就是效仿推古、皇极，以前皇后的身份登上皇位。虽然在前皇后身份这一点上，她与推古、皇极即位的情况相同，但是这一次即位附加了一个前所未有的目的——保皇孙继承皇位。

同年六月，鸬野皇后向诸官司颁布了《净御原令》（一部、二十二卷）。一方面，这是日本最早的系统化的法令。法令体系由天武天皇设计并具体化，其目的在于实现有组织的国家管理。另一方面，朝廷未进行对律的编定，而是借用了中国的唐律。根据其中的户令，日本制定了被称为庚寅年籍的全国户籍。

持统四年（690）正月一日，鸬野皇后正式举行即位仪式。持统天皇由此诞生。

### 黑作悬佩刀之谜

假如以上持统天皇的主张仅是她的个人意志，那么其威力就会大打折扣。天武天皇在位时，没有在群臣中任命左右大臣，而是推行了专制的皇亲政治。然而，天武天皇离世后，群臣的政治动向就变得至关重要了。

在正仓院文书中，我们发现了一些残存史料，反映了群臣们对持统天皇计划的支持，也就是黑作悬佩刀的相关文字记载。在拥护持统天皇的众臣之中，藤原不比等是领军人物。这是因为对藤原不比等而言，持统天皇的政治意图与他不谋而合。

圣武天皇（太上天皇）的生前爱物由光明皇太后献至东大寺，物品名录记录在《东大寺献物帐》之中。当今正仓院珍宝目录也可用此名代替。其中《国家珍宝帐》[天平胜宝八年（756）] 中有如下记载：

黑作悬佩刀（略）

日并皇子常所佩持赐太政太臣，大行天皇即位之时便献，大行天皇崩时亦赐太臣，太臣薨日，更献后太上天皇。（横线为人名和身份称号）

在这段记载中，太上天皇当然是指圣武天皇。其他人物，如日并皇子指草壁皇子，太政太臣（大臣）指藤原不比等，大行天皇指文武天皇。文字大意为：草壁皇子所持黑作悬佩刀被赐予藤原不比等，文武天皇即位时又被献于文武天皇，其后，文武天皇离世时被返还给藤原不比等，而在藤原不比等死时又被献于圣武天皇。

这一内容可简单表示为，黑作悬佩刀按照"草壁→不比等→文武→不比等→圣武"的顺序被世代相传。而扮演了将宝刀从草壁传到文武、再传到圣武这一中介角色的，正是藤原不比等。首先，可想而知，藤原不比等与两位男天皇的即位有着密不可分的关系。草壁皇子如何拥有此刀，其中原委不得而知。其次，宝刀的传世过程似乎并非由草壁皇子一人的意志决定的。《国家珍宝帐》还记载了另一把"横刀"，其注记写道，藤原不比等在宅邸举行新尝祭的新室之宴时，天皇亲临，皇太子即首皇子（圣武天皇）献舞，藤原不比等为表示谢恩而将此刀敬赠给了皇太子。黑作悬佩刀的赠予可能与这一情况相同，也就是说，其传承过程与藤原不比等的参与有密切关联。

关于赠答佩刀的意义，假如是天皇赐予大臣，其意味着"对大臣的信任""希望得到辅佐"；而如果是大臣敬赠给天皇、皇子，则代表"臣下的誓忠""协助皇子继承皇位的信物"（薗田香融「護り刀考」）。

此处值得关注的是，涉及刀的赠予的人物全部为男天皇，持统、元明、元正这些女天皇不包含在内，其中蕴含了特殊的意图。用来防身的刀并非男性专用的武器。尽管如此，它还是毫无例外地被传给了草壁皇子之子——文武天皇，以及文武天皇之子——圣武天皇。也就是说，将前代天皇所赐之物交给其直系皇子，是作为后盾力量存在的藤原不比等的使命。

对于藤原不比等而言，其女儿宫子是文武天皇的夫人，文武天皇与宫子所生的皇子便是圣武天皇。在政治欲求和思路上，他与持统天皇同符合契。从刀所代表的意义来看，黑作悬佩刀是皇统由草壁皇子传承到其直系男天皇的信物。而藤原不比等则将持统天皇的欲求以及自身的欲求合二为一并忠实地贯彻下来。

如上所述，持统天皇所推行的传位于嫡孙文武的计划发展为：由于藤原宫子之父即藤原不比等怀有要为首皇子铺平继位道路的动机，文武的君主之路得到了保驾护航。这意味着持统天皇之后的王统亦可被称作为"天武－持统系"。

## 藤原宫的营建

《净御原令》虽全貌不明，但在《日本书纪》中可见"户令"与"考仕令"（后为考课令）的名称。在《净御原令》的开篇处，大概载有官位对应一览，即官位令。其后则录有官员令（后为职员令），规定了中央、地方官司职员的定员数及职责。这一法令的施行，推动了包括二官（神祇官、太政官）八省等官司的宫都营建工程。藤原宫、藤原京正是在《净御原令》的基础上修建的王宫和都城。可以说，正是由于《净御原令》的实施，安置新官僚机构的载体——新宫都才应运而生。

首先，持统八年（694），持统天皇迁都藤原京。藤原京采用了东西十坊、南北十坊的条坊制。也就是说，藤原京在设计理念上是一个边长为十里的正方形结构，王宫位于中央位置。这一结构的原理，出自中国古代经典《周礼·考工记》的思想。并且，依据"前朝后市"的观念，藤原京中的市被安置在王宫北面（后市）。这一安排，同样接近《周礼·考工记》的理念。人们将这座都城誉为"大藤原京"。就这样，藤原宫、藤原京以一个拥有完善有序的条坊制结构的大都城姿态巍然于世。

其次，藤原京时代实施了《大宝令》，地域行政组织采用国郡制。这一制度名称不光与唐的州县制迥异，而且令人联想到秦的郡县制、汉的郡国制。它的名称明显表现出对中国古典理想王朝的向往之情。再者，天武朝发行富本钱（富本七曜钱），承袭了东汉时期"富本"［富国之本在于食货（食物、货币）］的政治思想。铸造出的货币被用于支付建都所需的雇佣费用。可见，天武朝所实施的都城建设与货币铸造情况，与同时代的唐大为不同，体现出的是对古典时代中国的憧憬之情。

在对古典中国理念的追求之下，藤原宫竣工并于 694

年被定为新王宫。藤原宫建成后，历代迁宫的现象戛然而止，它成了跨越持统、文武、元明三朝的国家政治中心。

## 持统天皇禅让

持统十年（696）七月，天武天皇的长皇子即高市皇子去世。这位高市皇子自 690 年起以太政大臣的身份执掌政务。实际上，在这期间，持统天皇并没有册立太子。尽管她是抱着将皇位传给轻皇子的打算即位的，但是在下一任天皇人选的问题上，她却无法轻易表明态度。客观而言，高市皇子是一位实力强劲的皇位候选人，但是他的生母尼子娘为胸形德善之女，身份卑微。因此，在出身条件上，高市皇子有所欠缺。

翌年二月，轻皇子被立为太子。从事情发展过程可知，高市皇子在世时，立轻皇子为太子一事不具备可行性。《怀风藻·葛野王传》记载，"高市皇子薨后，皇太后引王公卿士于禁中，谋立日嗣。时群臣各挟私好，众议纷纷"。在下一任皇储的人选问题上，群臣的意见迟迟无法统一。身为大友皇子之子的葛野王，领会到持统天皇的想法之后发表了意见。

葛野王的发言使天武天皇之子——弓削皇子等人的反对意见被压制了下去，立轻皇子为太子一事得以实现。可见，在此之前，虽然持统天皇抱有册立嫡孙的强烈意愿，但一直未能获得天武皇子方面的支持。那时轻皇子年仅15，年纪尚轻。并且，对轻皇子成为继承人一事，天武天皇的皇子必然会心存不悦。在这样的政治形势下，持统天皇判断，唯有亲自成为其后盾才能将嫡孙成功推上皇位。

同年八月一日，如"天皇定策禁中，禅天皇位于皇太子"的文字记载，持统天皇禅位于轻皇子。据研究可知，"定策禁中"一语体现了大化之前的惯例，即其中有群臣参与（遠藤みどり「持統譲位記事の「定策禁中」について」）。如果这一观点无误，那么就意味着持统天皇让位于皇孙轻皇子是在群臣同意的前提下决定的。皇极天皇的禅让以"乙巳之变"的政治事件为背景，而这一次禅让则属于所谓的"平时"（平常）之事。

文武天皇即位后，于十七日颁布即位宣命，宣命由序文"现御神、大八岛国天皇降诏于御前诸皇子、诸王、文武百官，及天下公民，皆闻大命"[1] 以及三段正文构成，其大意如下。

（1）敬奉前天皇即持统天皇的"大命"，表明统治天下的圣意。

（2）作为新天皇，对群臣提出以"明净直诚"之心

---

[1] 原文为宣命体："现御神<sub>止</sub>大八岛国所知天皇大命<sub>良麻止</sub>诏大命<sub>乎</sub>，集待皇子等、王等、百官人等，天下公民，诸闻食<sub>止</sub>诏。"——译者注

仕官的要求。

（3）授予忠诚效力者位阶等。

问题的关键在第一段，原文如下：

> 高天原尔事始，远天皇祖御世中、今至麻弓尔，天皇御之坐车弥继继尔，大八岛国将知次止，天都神乃御子随母，天坐神之依之奉之随，此天津日嗣高御座之业止，现御神止大八岛国所知倭根子天皇命，授赐比负赐布贵支高支广支厚支大命乎受赐利恐坐弓，此乃食国天下乎调赐比平赐比，天下乃公民乎惠赐比抚赐车止奉母，随神所思行佐久止诏天皇大命乎，诸闻食止诏。

> ［译为：高天原事始，自天皇远祖圣代延绵至今，天皇御子世代振振蛰蛰。当今治大八岛（倭国）之现御神倭根子天皇（持统天皇）诏曰："顺承治大八岛之序，以天神御子之身，奉命于天神，得以登临天日嗣高御座（皇嗣宝座），今将此大业赐汝。"朕惶恐至极，唯恭膺此贵高广厚大命，立志大化天下，惠抚兆民。诏天皇大命，众皆承旨。］

这段文字中，"高天原事始"表现了天孙降临思想。不过，宣命的核心还在于"治大八岛（倭国）之现御神倭根子天皇（持统天皇）"所赐的"贵高广厚大命"，即持统女帝的"大命"。毋庸赘言，"大命"指持统天皇将皇位让于轻皇子的诰命。熊谷公男强调了这一点并指出宣命的根本目的在于，通过持统天皇的禅让来凸显文武天皇即位的正当性（「即位宣命の論理と「不改常典」法」）。确实如此。

就这样，文武天皇虽然也有群臣支持，但最终还是在祖母持统天皇坚定的主张下登上了皇位。这是一个极为重要的事实。反言之，这证明了上文所述的观点，即持统天皇即位的意图就是要将皇位传于文武天皇。持统天皇的禅让承袭了皇极天皇的先例，但是其主旨是促成嫡孙文武的即位。不过，由于文武天皇年仅 15 岁，实际的统治不得不以持统天皇为中心展开。

## 太上天皇

禅让后的持统天皇在法律上处于什么地位呢？对此，《续日本纪》没有做任何记载。但基本已经明确的是，在大宝元年（701）制定的《大宝律令》中，持统天皇被记载为"太上天皇"。但是，文武元年（697）禅让之后的称谓是什么？严格来说，还没有可以解疑的第一手史料。《净御原令》中很可能没有关于禅让的规定。但是尽管称谓不明，持统退位后参政的事实，却可在元明天皇的即位宣命中得到确认。

> 此食国天下之业﹍，日并所知皇太子之嫡子，今御宇﹍天皇﹍授赐而，并坐而此天下﹍治赐﹍谐赐﹍。（庆云四年七月条）

> ［译为：授天下宏业于日并知皇太子（草壁皇子）之嫡子、今御宇天皇（文武天皇），由此并坐共治天下，和谐调顺。（庆云四年七月条）］

此处的"并坐"表明了持统与文武日月双悬的共治现象。

在中国的历史中，未曾出现过太上天皇制度。《唐令》虽记载了"太上皇""太上皇帝"的地位，但是它在日本则演变为一种日本所独有的制度。这两个称号在中国颇具临时性色彩。大致而言，脱离皇帝权力的禅让者被称为"太上皇"；保持皇帝权力者则被称为"太上皇帝"。而在太上天皇地位被制度化的日本，太上天皇则继续持有与天皇同等的帝权（春名宏昭「太上天皇制の成立」）。例如，大宝二年（702）在三河、尾张等东国行幸的持统太上天皇就行使了帝权，敕令推行了免除田租、赐封户、叙位等政策。显然，在日本和中国，太上天皇的性质有相当大的差别。

如《养老令》仪制令所示"太上天皇＜让位之帝所称＞"，禅让后的天皇在日本被称为太上天皇。《大宝令》中大概是设置了针对太上天皇的条文，但《大宝令》的注释书即《古记》并没有文字直接提及这些条文。不过，在《药师寺东塔擦铭》中，我们仍发现了"大上天皇"① 的文字。据说，这一拓本擦拓了本药师寺塔②的铭文。但无可争议的是，铭文是在迁都平城京以前、《大宝令》实施期间成形的。如果东野治之提出的"7世纪末"的观点无误，那么可以说，在《大宝令》之前就已经存在"太上天皇"一词了（「『続日本紀』所載の漢文作品」）。

在太上天皇制度的确立过程中，文武朝的藤原不比等应当发挥了巨大的作用。而持统天皇的存在，则保证了"太上天皇"在《大宝令》中的法制化（石尾芳久『古代の法と大王と神話』）。二者的利益关系在将轻皇子推上皇位的合作中达到了完全的一致，轻皇子是持统天皇皇子——草壁皇子的后嗣，他还迎娶了藤原不比等之女——

---

① 原文为"大上天皇"，其中"大上"读作"ママ"（mama）。——译者注

② 680年在天武天皇的发愿下，药师寺建于飞鸟地区的藤原京。迁都平城京后，8世纪初转移到现在的奈良市西之京。因此，飞鸟的药师寺被称为"本药师寺"。——译者注

宫子为夫人。这一点，可在高市皇子过世的翌年二月轻皇子被立为太子，以及八月持统天皇就禅位于轻皇子的过程中得到证明。正是在这一期间，发生了上述进献黑作悬佩刀的历史一幕。

于是，文武天皇与持统太上天皇的共治格局形成，以《大宝律令》为基本法典的政治统治拉开序幕。

# 第四章　律令制下的女帝

## 1　律令法中的女帝——"女帝之子亦同"

### 文武天皇与藤原宫子

文武元年（697）八月即位的文武天皇，同月就将藤原不比等之女宫子迎为"夫人"。不过，这一时期，"妃、夫人、嫔"的后宫等级制度尚未确立。此处的名号记载，实际上根据《大宝令》中的后宫官员令（《养老令》中为后宫职员令）进行过润色。"夫人"是专门用于出生在藤原氏等高级贵族家庭的女子的称号，享有三位以上的待遇。如前文所述，通过宫子入宫，持统太上天皇与藤原不比等之间形成了一条牢固的纽带。而且，文武天皇一直未立皇后（只有皇亲才可被立为皇后），可见他对藤原宫子宠爱甚深。

大宝元年（701），藤原宫举行了盛大的朝贺典礼。

古代日本的女帝

《续日本纪》记载："其仪，于正门树鸟形幢。左日像、青龙、朱雀幡，右月像、玄武、白虎幡。蕃夷使者陈列左右。文物之仪，于是备矣。""文物之仪，于是备矣"的文字，高调宣告了日本在学问、艺术、法律、制度等文物之仪上都已完备。

同年，文武天皇与藤原宫子诞下首皇子（之后的圣武天皇）。据说，初为人母的宫子在产后健康状况急剧恶化，之后便再未与首皇子相见（《续日本纪》天平九年十二月条）。但是，对于持统太上天皇与藤原不比等而言，他们之间则又形成了一个新的共同目标，即推动、维护首皇子继承大统。

同时，701 年《大宝律令》完成，翌年开始实施。《大宝令》首次确立了"日本"的国号，在继《净御原令》确定天皇称号之后，完成了对日本国家体制的法制化，这一体制时至今日仍在运行。就这样，701 年成为日本历史上一个巨大的转折点。

大宝二年（702）十月，持统太上天皇巡幸了三河、尾张等国。如上文所述，在这次巡幸中，她以太上天皇的身份下达了叙位、改赐姓的诏令，行使了与天皇相当的权力。在 40 多天的旅程之后，她于十一月返回藤原宫。然而，或许是不堪旅途中的舟车劳顿，不到一个月之后，她就在病榻上结束了不平凡的 58 年人生。依照她希望薄葬的遗命，一年后举行了火葬仪式①。

持统太上天皇离世后的 703 年，刑部亲王被任命为知太政官事。这一官位属于令外官（律令规定之外的官司），它的任命是为了回避对有"天皇师范"之誉的太政大臣的官职任命，具有一定的政治理由。此后，知太政官事一职由天武天皇的皇子（刑部、穗积、舍人三位亲王）以及皇孙（铃鹿王）四人相继出任。到目前为止，学界都认为这一官职的任命是天武天皇皇亲政治的延续。这一观点确实符合史实。不过，如果仅这样理解，那么即便任命太政大臣也没有任何不妥。回顾以往身居太政大臣的人物名单，有大友皇子、高市皇子，二人当时都是继承皇位的有力人选。其中大友皇子最终在壬申之乱中败亡。或许是鉴于这段历史教训，朝廷才未将皇子等任命为具有极大权力的太政大臣。

最近也有学者指出，知太政官事一职不具备太政官首席的性质，不过是议政官中的一员而已。但不论事实是否如此，任命知太政官事的意图首先在于，让天武系皇子以令外官的身份发挥作用，同时巩固文武系天皇政权的稳定。

---

①　持统天皇是日本第一位被火葬的天皇。在她之前，僧人道昭于 700 年被火葬，为日本第一位被火葬的人。——译者注

## 律令法与天皇

古代日本通过引进中国成熟的律令法确立了律令制国家体制。律为刑法，令为行政法、教化法。然而，在中国和日本，律和令的历史意义却相差甚多。在日本，朝廷更加重视用于实现国家统治的令。实际上最早实施的也为令，即《净御原令》，而律的实施则略晚。另外，由于律是参照中国社会规范制定成的法典，在社会生活各方面都与中国存在千差万别的日本，律所规定的条款未必切实发挥了作用。

律令法自《大宝律令》开始得以完善，藤原不比等为撰修者之一。他不仅是促成藤原宫、藤原京营建工程的重要人物，同时在律令法的贯彻与实施上也展现了杰出的才能。另外，律令法所明确的是官员和百姓必须遵守的规范，不具备约束天皇职权的效力。因此，律令中不包含皇位继承法。可以说，天皇是凌驾于律令法之上的存在。

遣唐使的任命始于天智八年（669）。大宝元年（701），朝廷任命遣唐使。翌年六月，使节出使大唐。在唐期间，遣唐使应该是向唐传达了律令完备后的日本的最新情况。然而，在藤原宫、藤原京，依照《大宝律令》所展开的国家治理似乎并不是一帆风顺的，因而数年后又出现了迁都平城的动向。平城宫、平城京是以遣唐使从中国带回的信息为基础建成的，因此可见长安城的风貌。这一幕发生于稍后的历史中。

目前，《养老令》是全文内容可被大体确认的最古老的令。我们可从《令义解》[天长十年（833）完成的官修《养老令》注解] 和《令集解》（《养老令》诸注释书的合集，其中包括《令义解》，成书于 9 世纪中期。亦录有《大宝令》的注解——《古记》）中窥见它的基本面貌。因此，《大宝令》可在《养老令》的基础上得到复原，但《净御原令》则没有一条内容遗留下来。

《大宝律令》的蓝本是唐王朝于 651 年编纂的《永徽律令》。但《永徽令》等唐令都已散逸。1999 年，中国浙江省宁波市天一阁博物馆发现了一部北宋的《天圣令》。这部北宋令中附载了当时已经废止的"唐开元二十五年令"，因此是唐令复原研究中的重要史料。

言归正传，接下来我们从《大宝令》的角度来探讨女帝问题。

### 日本独有的女帝条令

在日本律令法中，《养老令》中继嗣令的第一条"皇兄弟子"条有以下文字。

凡皇兄弟、皇子皆为亲王 <女帝之子亦同>。以

古代日本的女帝

**外并为诸王。**

如上文已经提及的，日本《养老令》中可见"女帝之子亦同"的注记，其中使用了"女帝"一语。而唐令中则不见这类注记，也没有出现"女帝"一词。同样，《古记》中也出现了"女帝"一词，这表明女帝制度是自《大宝令》之时就已经存在的日本特有的制度。

条令中所见的"皇"，指"皇帝"，此处专指男性。与中国不同，由于日本认可女性皇帝的存在，因此条令中追加了"女帝"的用语。与此相对，"男帝"则不见于律令法之中。天平三年（731）的敕文中出现了"男帝""女帝"的文字，这可以说是"男帝"的早期例子（《类聚三代格》天平三年六月二十四日条）。《古记》也使用了"男帝""女帝"，可见在《大宝令》时期，人们就已经对"男帝""女帝"有了区别认识。

假如女帝的存在与男天皇完全相同，那么就没有必要做这样的注记。并且，作为模本的中国律令法遵循的是男系思想，没有考虑过女帝的情况。也就是说，在日本古代，存在必须制定女帝相关法规的历史背景。

《净御原令》实施的持统三年（689）是持统女帝当政的时代。其后文武元年（697），持统天皇让位于轻皇子（文武天皇）。大宝元年（701），《大宝令》编撰完成。回顾这一历程可知，《大宝令》关于女帝的规定无疑受到了以持统女帝为中心的 7 世纪女帝历史的影响。《大宝令》于 702 年开始实施，持统太上天皇依然健在。另外，养老二年（718）制定《养老令》之际，正值元正天皇在位期间，元明太上天皇也健在。而《养老律令》实施的天平胜宝九年（757）正值孝谦天皇当政期间。这些年份都处于女天皇或女太上天皇在位的时代。可想而知，这也是对"女帝"条规极为关注的时代。

在此，让我们重新确认女帝即位时的相关情况（表2-1）。包括神功皇后和春日山田皇女在内的女帝无一例外都是律令法所规定的皇亲（四世王为止）出身，并且都曾经身为皇后。

律令法规定"妃"必须为内亲王出身，因此皇后人选必然也要是内亲王。由于这一规定，天平元年（729）藤原光明子立后之际，爆发了一场纷争，以致左大臣长屋王被逼自尽。事件起源于长屋王在权力问鼎朝野之时曾正面反对立光明子为后一事。虽然说天皇凌驾于律令法之上，但如果要册立内亲王以外的女子为皇后，依旧会碰触政治壁垒。

在此还要赘述的是，7 世纪的女帝们存在一个共同特征，即她们都是前帝或先帝的皇后。也就是说，她们即位时无夫，即位后未再婚，并且没有生育新的子女。此外，还存在皇极天皇这样的事例，她曾作为一个有婚史的女性嫁给舒明天皇，并生育了子女。由此可见，成为女帝的人未必是初婚者，这也构成了女帝的另一个特征。

## 女帝之子

问题的关键在于"女帝之子"的文字。从继嗣令条文的内容来看，它是对应"皇兄弟、皇子"的文字，但引人注目的是，它的行文却不是"女帝兄弟、子"，而是"女帝之子"。也就是说，"兄弟"二字被略去了。那么，朝廷为何设置了日本独有的"女帝"规定，但同时省略了"兄弟"二字呢？很显然，这是7世纪存在的特殊历史原因造成的。那么具体原因是什么呢？

首先，我们从条文的内部逻辑考虑。如果即位的女天皇是前帝或先帝的皇后，那么她的子女们作为天皇之子自然就是亲王、内亲王。既然女帝之子是亲王，就没有必要专门加以注记。也就是说，这一条文在法理上还考虑到了非先帝、非前帝配偶的女帝即位的情况。未婚的内亲王等，也应当是对象之一。

其次，为何条文没有被写成"女帝兄弟、子"呢？其原因在于皇极女帝即位引发的事件。皇极天皇为敏达天皇的曾皇孙、三世王（世系从身份为亲王的皇子算起）。她的配偶为舒明天皇，舒明天皇去世后，她即位为女帝。

于是，她原本为三世王的弟弟轻皇子便成为"女帝之弟"。接着，大化改新后，皇极天皇禅让，"女帝之弟"轻皇子即位，孝德天皇诞生。于是，孝德天皇的皇子——有间皇子一跃成为一世王（原本应为四世王），后于齐明四年（658）"谋反"。

有观点指出，在《大宝令》编纂时期，人们对有间皇子的谋反事件仍记忆犹新，为了避免历史重演，于是舍弃了"女帝兄弟"，而定为"女帝之子"（吉川敏子「女帝と皇位継承」）。这一观点应当无误。

不过，在律令法中，包括内亲王在内的四世王以上的女王①，其配偶人选被限定在皇亲范围内。这可见于继嗣令的"王娶亲王条"。

凡王娶亲王，臣娶五世王者听。唯五世王，不得娶亲王。

而五世王只被允许和身为人臣的豪族结婚。五世王要想即位，将会是一件极其困难之事。

实际上，在律令制之下，也从未出现过身为五世王的

① 在日本，天皇之子为皇子，皇子的子孙被称为王，王的身份低于皇子。——译者注

女性即位成为女帝并生育子女的现象。因此，通过与非皇亲氏族男子的联姻来实现女系皇位继承的事，在现实中是绝不可能发生的（上揭吉川敏子论文）。

总之，《大宝令》规定，在女帝当政时可获得亲王待遇的对象只有她的子女（上揭吉川敏子论文）。此外，8世纪，出现了单身女帝以及未婚的阿倍内亲王①被立为太子的事例。此时律令法的贯彻运用呈现了不同于针对7世纪女帝的规定的一面。其具体内容，需从历史运转机制的内部去探讨研究。

## 2 "不改常典法"与皇统"过渡"
### ——元明天皇、元正天皇

### 元明天皇即位

自庆云三年（706）十一月前后起，文武天皇罹病，之后表明了欲让位于生母阿閇皇女（元明即位前纪）的意愿。庆云四年四月，身体抱恙的文武天皇将父亲草壁皇子（日并知皇子）的忌日定为国忌。国忌是指从诸代天皇驾崩的忌辰中特选一日为国家忌日。文武天皇将父亲奉

---

① 日本史上唯一的女性皇太子。——译者注

为天皇，并指定其忌辰为国忌［天平宝字二年（758），
草壁皇子被追谥为冈宫御宇天皇］。另外，文武天皇还下
达宣命，赏赐大纳言藤原不比等5000封户。5000户这一
数字大大超过了太政大臣3000户（禄令）、东宫2000户
（延喜式）的封户数。藤原不比等固请天皇减少封户数，
最终受领了2000封户（庆云四年四月）。如上所述，罹
病中的文武天皇分别给予父亲草壁皇子以及藤原不比等破
格待遇。

其后，阿閦皇女拒绝接受禅让，文武天皇于六月去
世。据说当时他年仅25岁，可谓天不假年。据《扶桑略
记》记载，阿閦皇女遵从文武天皇望其即位的遗诏"朕
之母仪，阿閦皇女，宜摄万机，嗣天皇位矣"，于七月登
基（即元明天皇）。由于元明天皇是文武天皇生母，因此
皇位是按由子至母的顺序传承的。在元明天皇的即位宣命
中，第一次出现了"不改常典法"的表述。这一点将于
下文再述。

元明天皇的父亲为天智天皇，元明为其第四皇女。元
明的生母是苏我姪娘，即大化改新后就任右大臣的苏我仓
山田石川麻吕之女。元明天皇出生于齐明七年（661），
天武九年（680）诞下冰高内亲王，嫁给草壁皇子的时间
应在此前。草壁皇子于天武十年（681）被立为皇太子，
持统三年（689）去世。可以肯定的是，草壁皇子逝后，

她曾管理皇太妃宫（落款为庆云元年的藤原宫遗迹木简为这一点提供了依据）。由于史料匮乏，我们只能得知皇太妃宫是一个置有舍人的家政机构，其他情况不详。

接下来返回元明天皇即位的主题。虽然禅位于元明意味着皇位的传承将在颠倒的两代人中进行，但是文武天皇的遗诏十分明确地传达了要让元明天皇即位的意志。将年仅 7 岁的首皇子推上皇位的愿望暂时是无法实现了，但是很显然，文武天皇想按照草壁—文武—首皇子这一顺序来实现直系皇统传承的目标。元明女帝是与皇位失之交臂的草壁皇子之妃，对其身份接近于"前大后"的意识大概在文武天皇决定禅让的过程中发挥了作用。然而，元明女帝的即位，却不是一件会让诸皇子和群臣欢欣鼓舞的消息。

元明天皇在即位后的第四天便设置了授刀舍人寮。它是管理禁中带刀宿卫，即令外官"授刀舍人"的官司。这一官司的职能与皇位继承关系紧密，肩负着保卫元明女帝的使命，相当于天皇亲卫队。另外，据说它还是保护皇嗣内定者即首皇子免受反对势力迫害的武官组织。有研究指出，在设置授刀舍人寮一事背后，有大纳言藤原不比等活动的身影（林陸朗『上代政治社会の研究』、笹山晴生『日本古代衛府制度の研究』）。当时他们所采取的政治方针是，即便动用武力也要拥护首皇子即位。

此外，文武天皇去世前，藤原不比等曾向他敬奉黑作悬佩刀。元明天皇即位之际，藤原不比等也扮演了不可忽视的重要角色。同时，元明天皇的即位与授刀舍人寮的设置还传递出一个强烈的信号，即不惜动用武力也要实现持统—文武—首皇子这条王统传承的路线。从首皇子即位成为圣武天皇的结果来看，元明天皇的即位是具有"过渡"性质的。但是，当时的反对势力并不在少数，元明天皇的即位是否属于"过渡"性质，还尚不明确。或许更为妥当的看法是，元明天皇即位的意义在于承担维持皇统传承的"桥梁"。

**"不改常典法"**

接下来，我们首先要探讨的是元明天皇即位宣命中出现的"不改常典法"。宣命载于《续日本纪》庆云四年七月条，其中可见"不改常典法"的文字。

关母威岐藤原宫御宇倭根子天皇，丁酉八月尔，此食国天下之业乎，日并知皇太子之嫡子，今御宇豆留天皇尔授赐而，并坐而此天下乎治赐比谐赐岐。是者关母威岐近江大津宫御宇大倭根子天皇乃，与天地共长与日月共远不改常典止立赐比敷赐霸留法乎，受被赐坐而行赐事止众受被赐而，恐美仕奉利豆罗久止诏命乎众闻宣。

[译为：诚惶诚恐谨曰，定都藤原宫之御宇倭根子天皇（持统天皇），于丁酉（697年）八月授天下宏业于日并知皇太子（草壁皇子）之嫡子、今御宇天皇（文武天皇），由此并坐共治天下，和谐调顺。诚惶诚恐谨曰，定都近江大津宫之御宇大倭根子天皇（天智天皇）钦定与天地共长、与日月共远之不改常典法。仰遵此法行事，众人皆悉，虔诚仕官。奉诏宣之，众皆承命。]

宣命解释到，持统天皇让位于草壁皇子的嫡子即文武天皇的正统性来自天智天皇所立的"不改常典法"。不过，用"不改常典法"强调正统性的，仅限于持统天皇禅位于皇太子嫡子（文武天皇）一事。接着，宣命又强调了文武天皇禅让于元明天皇的正统性。但这部分没有提及"不改常典法"。也就是说，"不改常典法"出现在持统天皇让位于文武天皇的文脉中，在这一前提下，文武天皇禅让于元明天皇的正统性得到证明。

其次出现"不改常典法"的是圣武天皇的即位宣命（神龟元年二月条）。这篇即位宣命强调，在元明天皇禅位于元正天皇之后，元正天皇是基于"不改常典法"将皇位授予首皇子（圣武天皇）的。此处要附带提及的是，元正天皇自身的即位诏书使用的是汉文体，而且只是简单记载了禅让事实本身。

其后，圣武天皇的禅让诏书（宣命体）提及了元正天皇之诏，并主张禅位根据"不改常典法"进行，强调了自身也是基于此法将皇位禅让给阿倍皇太子（之后的孝谦女帝）的。孝谦天皇的即位问题将于第四节中详述。本文仅对"不改常典法"的运用史进行梳理，不做其他延伸。

如上所述，"不改常典法"在持统天皇向文武天皇、元正天皇向圣武天皇、圣武天皇向孝谦天皇禅让之际，每每被提上案头。然而究竟该如何为其定义？我们可将其理解为一部成立于天智天皇（近江大津宫御宇大倭根子天皇）时期的直系皇位继承法。

此外，自桓武天皇的即位诏书起（天应元年四月条），"不改常典"的文字便再未出现。在其后很长一段时期内，取而代之的是"诚惶诚恐谨曰，定都近江大津宫御宇天皇（天智天皇）钦定法"[1] 这一固定句式。它与此前的"不改常典法"在内容意义上相差甚多，在此暂不讨论（早川庄八『天皇と古代国家』。参照本书尾章）。

---

① 原文为宣命体："掛畏近江大津乃宮尓御宇之天皇乃敕赐比定赐部流法。"——译者注

## 元明女帝与首皇子

元明女帝即位翌年，即和铜元年（708）二月，下达了迁都平城的诏敕。此诏仿照《隋书·高祖纪》所载"新都创建诏"制成。诏文的特殊之处在于，不仅强调了平城宫为官僚制机构"百官府"的所在地，同时还将它定位成日本周边蕃国的朝贡之都。日本作为律令制国家的基本精神由此形成。平城是位于奈良盆地北部的一个交通要塞。

三月，右大臣石上麻吕晋升为左大臣，藤原不比等晋升为右大臣。当时石上麻吕已年届 69 岁，因此，49 岁的藤原不比等应当发挥了更大作用。藤原不比等不仅是《大宝令》的编撰者，而且在以《大宝令》为基础的都城平城宫的营建中也扮演了主导性角色。

随后的和铜三年（710），日本迁都平城。在平城宫时代，共有七位天皇进行统治。其中，元明、元正、孝谦、称德（孝谦重祚）这四代天皇为女帝。单按年份计算，她们的统治时期长达 32 年，约占平城宫时代的三分之一。

和铜七年（714）六月，14 岁的首皇子举行元服仪式，被立为太子。这是日本国史中记录的最早的元服记录，但是由于缺乏描述仪式具体内容的史料，因而其详情不明。元服是指举行结发、加冠仪式的成年礼。被立为太子的首皇子是《大宝令》实施后的首位皇太子，可想而知，其元服的典礼仪式应十分完备。相较于父亲文武天皇年仅 15 岁时被立为太子，首皇子被立太子的时间更早。

灵龟元年（715）二月，元明天皇赐封吉备内亲王的子女"皇孙"待遇。吉备内亲王是元明天皇之女、文武天皇的同母妹。这位内亲王和长屋王（高市皇子之子）所生育的子女被赋予了皇孙的待遇。由于长屋王是天武天皇时期的二世王，因此其子女本应为三世王。但是，元明天皇重视她与吉备内亲王的关系，便将内亲王的子女封为了皇孙。有研究认为，这一赐封增加了皇位继承者的人数。但更确切地说，这实际上是内亲王与元明天皇之间良好关系的象征。

随后九月，元明天皇禅位于冰高内亲王（元正天皇）。而就在此前一个月，朝廷曾进献来一只被视为祥瑞的神龟，上演了一场彰显禅让政治意义的大戏。元明天皇在禅让诏书中，首先说明了她因身心疲惫而欲离政务的愿望，继而又阐述了以下内容。

> 因以此神器，欲让皇太子。而年齿幼稚，未离深宫，庶务多端，一日万机。一品冰高内亲王，早叶祥符，凤彰德音。天纵宽仁，沉静婉娈，华夏载仁，讴讼知归。今传皇帝位于内亲王。公卿、百僚，宜悉只奉以称朕意焉。

全文辞藻典雅，大意为：鉴于首皇子尚且年幼，将皇位禅让于口碑皆佳、资质淑茂的冰高内亲王。

首皇子当时为 15 岁，确实年纪尚轻。但是，文武天皇就是在 15 岁时即位的，并非没有先例。然而，文武天皇即位的先例之所以能成立，是由于其背后存在持统天皇非同寻常的强势主张。而首皇子的情况则是，元明天皇并不像持统天皇那样急欲让年轻的皇太子即位。禅让诏书中所表述的"（首皇子）年齿幼稚，未离深宫，庶务多端，一日万机"应当为真实理由。如下文将要阐述的那样，首皇子直到养老三年（719）才开始参与朝政。可见，当时其即位的时机尚早。

确切而言，相较于首皇子，元明女帝对禅位于冰高内亲王一事怀有更多的热忱。自此，日本进入了元明太上天皇和元正天皇——两位女天皇的统治时代，这是日本史上一个极为罕见的时代，而皇位的母女传承更是日本史上空前绝后的现象。元正天皇是一位没有做过皇后的未婚女性，应当是以元明天皇之子的身份即位的。事实上，正如后来圣武天皇的即位宣命所反映的那样，元正天皇的即位给禅位于首皇子铺平了道路。

## 元正女帝与首皇子

冰高内亲王的父亲为草壁皇子，母亲为元明天皇，她生于天武九年（680。一说为681）年。史书还将她记为日高皇女或新家皇女，与文武天皇为姐弟关系（参照第184页图4-1）。

元正天皇在即位前的和铜七年（714），获赐食封千户。令制规定，二品内亲王的食封为300户，因此即便千户是根据别敕特封的，仍属于破格待遇。或许元明天皇此时已有了禅让的念头。

元正天皇即位时36岁，单身。进言之，她是一位未婚女帝。首先在年龄上，她没有让人诟病之处。而关于元正天皇的性格，元正即位前纪记载"天皇神识沉深，言必典礼"，有"思想沉潜，考虑深远，言行合理"之誉。可见，她拥有诸多适合成为天皇的资质。

其次，元正天皇还被形容为"沉静婉娈"，可知其安娴婉丽的青春之貌。据说她的妹妹吉备内亲王最晚也是在大宝三年（703）之前嫁给长屋王的。那么，元正天皇未婚的原因何在呢？学界有人提出了她是"皇位继承者的重要预备人选"的观点（渡边育子『元明天皇·元正天皇』），其理由在于从即位年龄而言，人们认为元正已没有生育子女的可能性。这同样反映了元正即位的"过渡"性质。

灵龟二年（716），皇太子首皇子迎娶藤原不比等之女——安宿媛（光明子）为妃。安宿媛16岁，与首皇子同龄。据光明子的立后宣命记载，推荐其为后的是元明天皇。宣命中记载了元明天皇的口谕，即"朕云，女非皆同，其父大臣辅佐皇朝，虔诚奉国，夜半晓时亦不眠不休，心之清明如冰壶秋月"①（天平元年八月条）。简言之，元明天皇指出"女子各有不同。其父不比等尽忠勤勉，乃朕常年所见"，由此可见藤原不比等在立后一事上的巨大影响。养老二年（718），阿倍皇女（后为内亲王）出生。此外，首皇子还有一位夫人，名叫县犬养广刀自，她诞下了井上内亲王、不破内亲王、安积亲王。

养老元年（717）三月，左大臣石上麻吕去世，藤原不比等开始作为右大臣位列人臣之首。同年十月，其次子藤原房前参议朝政。在此，我们先了解一下当时议政官的情况。太政官有右大臣藤原不比等，大纳言长屋王与阿倍宿奈麿，中纳言粟田真人、多治比池守、巨势祖父、大伴旅人，以及参议藤原房前。也就是说，在这些议政官中，阿倍氏等实力雄厚的氏族各占一个名额，而藤原氏却有两名成员。藤原氏的政治地位又上升到了一个新的台阶。

翌年 718 年，藤原不比等主导的《养老律令》编订工程正式启动，约于 721 年最终完成。它以遣唐使带回的

---

① 原文为宣命体："女止云波婆等美夜我加久云。其父侍大臣乃，皇我朝乎助奉辅奉氏，顶伎恐美供奉乍，夜半晓时止休息事无久，净伎明心乎持氏。"——译者注

唐《开元三年令》等为范本，目的在于修订一部较《大宝令》用词更准确的法令。然而，该法令直到天平宝字元年（757）才得以实施。有观点认为，这次律令修订含有为首皇子即位做准备的性质。

养老三年（719）正月二日，首皇子在藤原不比等之子——藤原武智麻吕等人的先导下，参加了因大风而延期举行的朝贺仪式。这是他首次在国家政治舞台上登场。六月，首皇子听政，这代表皇太子正式开始执政，其形式仿照了厩户皇子、草壁皇子的先例，也就是上文所述的皇太子在女帝佑护下参政的形式。

## 藤原不比等与元明太上天皇的离世

然而，养老四年（720）八月，首皇子的政治后盾藤原不比等去世，享年62岁（亦有63岁之说）。这件事对元明太上天皇和元正天皇的打击之大，可从翌日任命舍人亲王为"知太政官事"、新田部亲王为"知五卫及授刀舍人事"等为减少政界动荡的举措中窥见。翌年一月，长屋王被任命为右大臣，位列人臣之首。天皇试图通过调动天武天皇的皇子及皇孙来掌控政治、军事两方面的最高领导权。反言之，这也表明元明太上天皇、元正天皇在政治上曾对藤原不比等有极大的依赖性。

养老五年（721）九月，首皇子之女即井上王（后为内亲王）被任命为伊势斋王。当时，进入洁斋（指为出仕伊势神宫而净身）的井上王年仅 5 岁，不过其实际前往伊势的年份是首皇子即位后的神龟四年（727）。史书中"皇太子女井上王"①的文字表现出了编纂者对首皇子即位时间的关注。

十月，太上天皇召右大臣长屋王、参议藤原房前入宫，向二人托付了后事。她主要嘱托了薄葬和火葬的事宜，并在遗诏结尾处命令"其近侍官并五卫府务加严警，周卫伺候，以备不虞"，要求侍奉女帝左右的少纳言、侍从及卫门府、左右卫士府、左右兵卫府等加强警戒以防万一。可想而知，太上天皇对自己死后的政治形势充满不安。随后，她又依照任命藤原镰足的先例，将藤原房前任命为内臣。内臣虽为令外官，但其使命是在政治中枢处理各种机要以维护元正女帝的统治。

同年十二月，太上天皇病逝，享年 61 岁。《续日本纪》记载，朝廷在当日"遣使固守三关"（养老五年十二月条）。那么，这具体指什么呢？

"三关"是指东海道的伊势国铃鹿关、东山道的美浓国不破关、北陆道的越前国爱发关。遣使封锁三关的行为

---

① 《续日本纪》养老五年九月条记载："天皇御内安殿。遣使供币帛于伊势太神宫。以皇太子女井上王为斋内亲王。"——译者注

称"固关",而使者则称为"固关使"。固关的目的在于阻止事件相关者从都城潜入东国等地。第一次固关行动,发生在元明太上天皇去世之际。此后,凡逢天皇或太上天皇等去世,都可见固关行动。而这次封锁三关的背景,应当与此后发生的一次政治事件相同。

这一事件是:翌年正月,由于被多治比三宅麻吕"诬告谋反",穗积老情急之下竟手指天皇妄加责问,被判处斩刑。史料对此事的记载仅限于此,因此事件详情已不得而知。但是,凡涉及"谋反"或批判天皇之事,便必然会关系到皇权的安危,不免引起政治动荡。不过,在皇太子的斡旋之下,二人最终被减刑为流放。

养老四年(720)的藤原不比等之死以及翌年的太上天皇之死,造成了未婚女帝统治下的政治动荡不安。由此也可推测,当时女帝的地位并不稳固。不过,事态没有恶化成会引发颠覆性后果的事件,元正女帝的统治得以维持。

## 3 圣武天皇禅让——孝谦天皇

### 元正禅让与圣武即位

神龟元年(724)二月,元正天皇禅位于皇太子首皇子,圣武天皇诞生。当时元正45岁,圣武24岁。朝廷当

**古代日本的女帝**

日便颁布了圣武天皇的即位宣命。如上文所述，这篇即位宣命记述了皇位由元明女帝禅让于元正女帝，继而由元正女帝依照"不改常典法"授予首皇子的过程。同时，长屋王晋升到之前空缺的左大臣一职。于是，元正女帝的祖父母辈即持统天皇、藤原不比等一辈人所构想的首皇子即位计划终于成为现实。

另外，首皇子与元正为姑侄关系，但据记载，之后在阿倍内亲王进献"五节田舞"之际，"（元正）太上天皇答诏曰：现神、统御大八洲之我子天皇（圣武）所敬畏之天皇（天武）朝廷"①（天平十五年五月条），元正称圣武天皇为"我子天皇"。可见，元正是在皇统意识的前提下将她与圣武的关系视为亲子关系的。

此外，在前一年，左京进献了一只祥瑞白龟，因此改年号为"神龟"。这与元正即位时将年号改为"灵龟"的情况相同。此后，光仁天皇即位时也改年号为"宝龟"。也就是说，奈良时代出现了"灵龟""神龟""宝龟"三个得名于祥瑞之龟的年号。这些年号都与新天皇的即位有关，用以表达祈福庆贺之意。

圣武天皇即位两日后，颁布了赐封藤原宫子为"大

---

① 原文为宣命体："太上天皇诏报曰，现神御大八大洲我子天皇乃掛母畏伎天皇朝廷。"——译者注

夫人"的敕书。针对此事，次月，长屋王以及议政官组织提出了敕文不符合《公式令》的意见，指出：按《公式令》应为"皇太夫人"，而敕文却略去了"皇"字，根据令文，此乃违敕罪。回顾事情经过可知，先前使用"大夫人"称号的敕书，是在没有经过议政官组织确认的情况下以"敕"的法令形式颁布的，因而受到了议政官组织的质疑。天皇原本可以不考虑律令而直接下达旨意。但是当时，圣武天皇却撤回了先前的敕文，改为在文书上使用"皇太夫人"、口头上称"大御祖"。然而实际上，最初反而是圣武天皇因顾忌藤原宫子的臣下出身而在称号的册封上犹豫不决。或许也可认为，表面上是圣武天皇受到了律令法的制约，而实际上是长屋王等人的谏言被巧妙地利用了。最终，摘取胜利果实的还是圣武天皇。

这次事件以后，圣武天皇、元正太上天皇与长屋王之间并未产生任何特别的隔阂。虽然没有记录当时三者感想的史料，但是《万叶集》卷八中收录了元正太上天皇与圣武天皇在长屋王的佐保宅举行的庆祝新室建成的宴会上所咏的和歌，大意如下。

太上天皇御制歌一首

芒草尾花棚，粗材持作柱，成家用此风，可以传千古。（1637）

**古代日本的女帝**

　　天皇御制歌一首

　　奈良山上树，粗木盖新房，能住此家者，居之得久长。（1638）①

　　这两首和歌都是为庆贺新室筑成而吟咏的作品。新室使用的木材采自奈良山，是一种还未剥去树皮的粗木。房顶上倒铺着两种芒草，有的花穗还隐而待发，有的已抽穗绽放。太上天皇歌咏了新室主人的万代荣昌，圣武天皇则咏新室适宜久居、不会让人厌腻。尽管祝愿永世繁昌是一种礼节性的歌咏，但这仍旧展现了他们之间的良好关系。不过，此后却发生了一件危及圣武天皇与长屋王关系的事情。

　　另外，长屋王的主要住宅是位于平城京左京三条二坊的长屋王府邸。1998年，其遗址中出土了多达11万件木简，总称为长屋王家木简。由此，长屋王与吉备内亲王的家政机关的实际情况才逐渐为人知晓。该宅邸规模庞大，占地面积达55000平方米。

---

　　①　日语为"太上天皇御製歌一首　はだすすき尾花逆葺き黒木もち造れる室は万代までに（1637）""天皇御製歌一首　あをによし奈良の山なる黒木もち造れる室は座せども飽かぬかも（1638）"。和歌译文引用自杨烈译《万叶集》（上下册），湖南人民出版社，1984，第775页。——译者注

### 长屋王之变

神龟四年（727）闰九月，藤原光明子在先父不比等的宅邸中诞下了家族翘首企盼的皇子。不过，《续日本纪》中却没有记录这位皇子的名字。《本朝皇胤绍运录》（15世纪制成的皇室系图，之后多次增补）将其记为"讳基王"，但这很可能是"讳某王"的误写。他出生后的第33天，圣武天皇将文武百官召至平城宫朝堂院，宣读了立太子诏。

将尚在襁褓中的皇子立为太子是一种特例。圣武天皇作为天武－持统系的皇嗣，是在几代人殚精竭虑的努力之下才登上皇位的。大概是出于维护皇位直系传承的目的，圣武天皇在藤原氏势力的护佑之下，将幼子立为太子。然而，在藤原不比等的府邸举行庆贺皇太子册立典礼之际，大纳言多治比池守率领众官员纷纷出席，唯有长屋王未予露面。这或许反映了统领政务的左大臣长屋王的不满。以立太子一事为分水岭，长屋王与圣武天皇、藤原氏之间的关系开始恶化（寺崎保广『長屋王』）。

然而，出人意料的是，一年后的神龟五年（728）九月，皇太子夭折。按当时的年龄算法，他已有两岁，但实际上出生还未满一年。圣武天皇遵法废朝（不施行政务）三日，并敕令平城京内的官员以及畿内百姓穿戴白麻服丧三日，可见其悲丧之情甚深。

但另一方面，这一年，圣武天皇与夫人县犬养广刀自诞下安积亲王。县犬养广刀自是县犬养唐之女，与县犬养三千代为同族，而县犬养三千代的再婚对象是藤原不比等。在此前，县犬养广刀自已诞下井上内亲王与不破内亲王。不过这一次，她诞下的是一位皇子。此外，长屋王膝下亦有膳夫王等众多子嗣。于是，圣武天皇后继者的问题不可避免地浮出水面。

翌年天平元年（729）二月，有密告者声称"左大臣正二位长屋王私学左道，欲倾国家"。于是，朝廷即刻向三关派遣固关使，同时命令卫府兵士包围长屋王宅邸。密告次日，长屋王、吉备内亲王、膳亲王等受讯后被迫自尽（长屋王之变）。关于长屋王的享年，有 54 岁和 46 岁之说。

事件结束后，藤原不比等的四个儿子，即藤原四兄弟——房前（北家）、麻吕（京家）、武智麻吕（南家）、宇合（式家）在政界开始飞黄腾达。四人皆位列议政官之席，藤原氏的政治影响力如日中天。

藤原光明子的立后一事就是其表现之一。在长屋王自尽事件仅过了半载的天平元年八月，光明子被立为皇后。这是由于圣武天皇与藤原氏都失去了可继承皇位的皇子，因此立后问题便取而代之被提上了议程。原本，令制仅对"妃、夫人、嫔"的出身条件做了规定。妃必须为四品以上的皇亲，所以皇后至少也要是皇亲。在册立光明子为后的宣命中，就特意列举了皇亲之外——仁德天皇皇后葛城磐之媛的例子。这个例子也旁证了以上推论的正确性。不得不说，想要册立非皇亲出身的女子为皇后是一件极为困难的事情。然而，圣武天皇却强硬推行了立后的诏令。

回顾事件经过可知，在光明子立后一事中，长屋王的存在曾是一大阻碍。不过，在之后的天平十年（738）七月，由于密报者泄露了长屋王之变的真相，长屋王的沉冤才终于得以昭雪。

### 阿倍内亲王被立太子

天平七年（735）前后起，天花在大宰府蔓延开来。虽然疫情在一段时期内有减轻之势，但到了天平九年（737），连都城也开始被疫情所吞噬。藤原四兄弟中，宇合最晚（八月）染病身亡，而房前、麻吕、武智麻吕都已在此前相继病亡。四兄弟之死，给藤原氏一族造成了不可估量的重创。那么当时民众是如何看待此事的呢？《续日本纪》中有一条意味深长的记录，其大意如下。

十月，圣武天皇亲临平城宫南苑，为安宿王、黄文王以及圆方女王、纪女王、忍海部女王叙位。他们都是长屋王的子女，皇子为藤原长娥子所生，诸女王为吉备内亲王所生。叙位的背景是，人们传言藤原四兄弟因天花暴毙是长屋王的冤魂在作祟。也就是说，叙位的目的可解释成为

**古代日本的女帝**

长屋王镇魂（寺崎保広『長屋王』）。由于只有长屋王的子女被叙位，因此镇魂之说的可信性较高。当时，街头巷尾流传着这样的说法，即权贵们逼死了长屋王，因而遭到亡魂的报复。

在这样的背景下，翌年天平十年正月，阿倍内亲王被立为太子。虽然元正天皇是一位未婚单身的女天皇，但成为女性皇太子第一人的是阿倍内亲王。因为男女都可以成为天皇，所以如果出现更多的女性皇太子也属正常现象，然而在此之前从未出现过一位女性皇太子。而且，在阿倍内亲王之前，也没有一位女天皇的即位是经过立太子这一环节的。换言之，女性成为皇太子在两种意义上都是史无前例的。但是，阿倍内亲王为何会被册立为太子呢？

当时，在圣武天皇的子女中，阿倍内亲王21岁，非藤原氏系的安积亲王11岁。而且藤原光明子已38岁，诞下皇子的可能性越来越小。也就是说，立女性为太子的破例之举，是为了让流淌着天武－持统系与藤原不比等系的血统的后代来继承皇位。根据之后的一篇宣命可知，孝谦太上天皇曾说过：

> 朕御祖太皇后 乃 御命以 弖 朕 尔 告 之 尔，冈宫御宇天皇 乃 日继波，加久 弖 绝 奉牟止 为。女子 能 继 尔波 在 止母 欲令嗣 止 宣 弖，此政行给 岐。（天平宝字六年六月条）

［译为：朕御祖皇太后（光明皇太后）谕朕："天皇（草壁皇子）定都冈宫御天下，今皇统将绝。汝虽为女子，然立为嗣。"朕于是持政事矣。（天平宝字六年六月条）］

由此可知，藤原光明子担忧草壁皇子系的皇统会自此断绝，因而下达了让身为女子的阿倍内亲王继承皇位的懿旨。立内亲王为太子是为了维护天武－持统系皇统。可以说，宣命传达了立太子的真实意图。由此可推断，立太子一事的主导者就是圣武天皇、元正太上天皇与光明皇后。

天平十五年（734）五月五日在内里①举办的皇宴证实了这一点。当日，阿倍内亲王在圣武天皇、光明皇后、元正太上天皇御前进献了一支"五节田舞"。五节田舞是天武天皇为治理天下、完善礼乐秩序而编制的舞蹈。圣武天皇知道这一由来，于是让阿倍内亲王学习该舞蹈并将其献于元正太上天皇。而献舞的意义就体现在五节田舞之仪所传达的圣武天皇的皇统意识之中，即"勿忘君臣、祖子之理，秉持明净之心，以先祖之名，效力于承大统天皇之御世，与天地共长远"②（天

---

① 相当于中国的皇宫。——译者注
② 原文为宣命体："君臣祖子乃理远忘事无久，继坐牟天皇御世御世尔明净心乎以而，祖名乎戴持而，天地与共尔长久远久仕奉礼等之弓。"——译者注

平十五年五月条）。

借此舞蹈，圣武天皇向群臣传达了要以"元正—圣武—阿倍皇太子"的继承顺序来维持天武系皇统的意向（北山茂夫『日本古代政治史の研究』）。于是，阿倍内亲王为元正太上天皇献五节田舞的行为，向文武百官昭告了阿倍皇太子是天武–持统系唯一继承者的这一圣意。

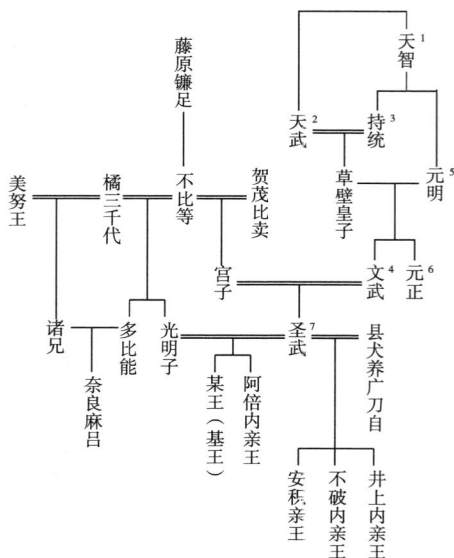

图 4 -1　天智、天武两天皇以后的系谱图　（其1）

## 天平时代未遂的政变

阿倍内亲王被立为太子的当日，橘诸兄被任命为右大臣。他曾在藤原武智麻吕病亡之后晋升大纳言，而今则以右大臣的身份统领群臣。橘诸兄的父亲为敏达天皇的曾孙美努王，母亲为县犬养橘三千代。天平八年（736），他获得朝廷赐姓，改用母姓"橘"。之后，县犬养三千代与藤原不比等再婚。于是，他与藤原光明子成为同母异父的兄妹。但考虑到橘诸兄相对较低的出身，他似乎不具备对抗皇太子的政治后盾即圣武天皇的能力。确切而言，将他视为守护女皇太子[①]的力量更为妥当。

此后的 740 年，被左迁为大宰少贰的藤原广嗣发动叛乱。形势危急之下，圣武天皇起驾离开了平城京。741年，他于恭仁京（现京都府木津川市加茂町）向诸国下达创建国分僧寺、尼寺之诏，743 年又下诏在紫香乐宫（现滋贺县甲贺市信乐町）建造大佛，其中不乏光明皇后的影响。圣武天皇笃信佛教、祈福于佛教的倾向日趋显著。

天平十三年（741）闰正月，安积亲王因"脚病"不治身亡，年仅 17 岁。所谓的"脚病"应该是指脚气病。关于其死因，尽管《续日本纪》留下了这一记载，却仍出现了藤原氏暗杀说。虽然暗杀说未能超出臆测范畴，但安积亲王之死意味着圣武天皇失去了唯一的嗣子，却是不

---

① 即阿倍内亲王，藤原光明子所生，是橘诸兄的侄女。——译者注

可否认的事实。尽管立有女皇太子，但是这依然带来了皇位继承上的新课题。翌年五月，紫香乐宫的周边频频发生火灾，圣武天皇决定将都城迁回平城京。暂且不论接连不断的火灾是不是有人故意为之，但是可以说，不稳定的社会氛围影射出了当时官吏与百姓心中的不满。

同年八月，圣武天皇行幸难波宫，九月便抱病卧床不起。病情危重时，他命令平城宫与恭仁宫的留守官加强宫中的戒备，又将天武天皇及天智天皇的孙辈王（二世王）召集至难波宫。召集孙辈王与皇位继承问题密切相关，谈话的内容应是圣武天皇之后的皇位继承问题，其中包括阿倍皇太子的问题。具体而言，天皇应是向众人提出了拥护皇太子的要求，并嘱咐了皇太子之后的预备人选。总而言之，这些问题都是由女皇太子这一前所未有的现象所引发的。

而实际上，一场由橘奈良麻吕主导却未能成功的政变阴谋正在暗流涌动。橘奈良麻吕之乱（后述）被镇压后，佐伯全成在接受审问时供述：

> 去天平十七年，先帝陛下（圣武天皇）行幸难波宫，寝膳乖宜（病体不安）。于时，奈良麻吕谓全成曰，陛下枕席不安，殆至大渐（危笃状态）。然犹无立皇嗣。恐有变乎。愿率多治比国人、多治比犊

养、小野东人，立黄文而为君，以答百姓之望。
（《续日本纪》天平宝字元年七月条）

从这段供述可知：（1）圣武天皇在难波宫时陷入危笃状态；（2）贵族中有人认为"无立皇嗣"；（3）将黄文王（长屋王与藤原不比等之女藤原长娥子所生）推上皇位的政变阴谋属实。可见，如上文中"恐有变乎"所表述的那样，当时的政权并不稳固。

这时，令橘奈良麻吕始料未及的是，圣武天皇的病情快速好转，并于同年九月平安返回了平城宫。政变的具体计划胎死腹中，但映射出政治舞台背后围绕皇位而展开的暗斗。其中，尤为需要注意的是，尽管当时有阿倍皇太子在位，但贵族中仍有人不承认她的天皇皇储身份。也就是说，即便是圣武天皇钦定了阿倍内亲王为皇太子，也仍有部分贵族心怀不服。因此很难说女性皇太子的册立成功解决了皇嗣的继承问题。

## 4　最后一位古代女帝——称德天皇

### 孝谦天皇即位

天平二十年（748）四月，元正太上天皇去世，享年

69 岁。遗体火葬后，服丧活动持续到六月上旬。

据《续日本纪》记载，翌年二月发生了以下这件奇异之事。

> 以朝廷路头屡投匿名书，下诏，教诫百官及大学生徒，以禁将来。

这段文字描写道，因屡屡有人在宫城周边的路上投掷匿名状，因而朝廷下诏训诫百官及大学寮的学生。

根据斗讼律的规定，匿名投书告发的行为将受到处罚。然而现实中，这种行为却屡见不鲜。以上事件中的"投书"，可能不是针对某个特定人物的检举，而主要为"时政批判"（新日本古典文学大系『続日本紀　三』補注）。不过，即使时政批判涉及皇位继承问题也并不奇怪。事件详情已不得而知，但当时的社会氛围很可能是动荡不安的。

不过，同样在二月，朝廷传来陆奥国小田郡发掘出黄金的消息。对于立志建造东大寺卢舍那佛（东大寺大佛）却在最后阶段苦于筹措佛身局部镀金的圣武天皇而言，这是一个极大的喜讯。四月，圣武天皇携光明皇后、阿倍皇太子前往东大寺，于佛像前面北而拜，文武百官及百姓列于其后。面北表示对面南的大佛的服从。并且，圣武天皇以"三宝奴仕奉天皇"① 自称，将陆奥国出产黄金一事奉为佛恩加以庆贺，并呈告于佛前。在与佛教的关系中，圣武天皇处于"奴"的位置。

六月，圣武天皇从平城宫移驾至药师寺宫（药师寺中设置的宫室），开始了所谓的出家生活。至七月，朝廷颁布了圣武以"一日万机，御体不堪克任"② 为由的禅让宣命以及阿倍内亲王的即位宣命，孝谦天皇诞生。宣命中阐述的理由，应为禅让的真实原因之一。

随着皇位由圣武天皇传至孝谦天皇，朝廷颁布了圣武禅让和孝谦即位的两篇宣命。前者记述道，元正天皇根据"不改常典法"将皇位禅让给了圣武天皇，又强调圣武自身也是遵循此法禅位于阿倍皇太子的。也就是说，皇位是依据内容为皇位直系传承的"不改常典法"来传承的。

但是，禅让宣命颁布之前，圣武已经号称"太上天皇"了，这表明圣武出现禅让意愿的时间早于公布宣命的时间。在此，对这一蹊跷的情况稍做说明。

圣武天皇于天平二十一年（749）正月受戒，法号"胜满"（《扶桑略记》天平二十一年正月条）；闰五月，又

---

① 三宝奴指为佛、法、僧这三宝而甘愿为奴的人。原文为宣命体"三宝奴乃仕奉止天皇"（天平胜宝元年四月条），意为以三宝奴隶的身份奉献的天皇。——译者注

② 原文为宣命体："万机密久多久志天御身不敢赐有礼。"——译者注

号称"太上天皇沙弥胜满"（《续日本纪》天平胜宝元年闰五月条）。"沙弥"（男子出家后但还未正式成为僧人时的称谓）一词，表明他还未正式成为僧人。不过，从自称"太上天皇"的情况可推测，至少当时禅让的决心已十分坚定。由此可知，圣武是在这一时期表明禅让意愿的。

岸俊男指出，正月出家、受戒后，圣武不被允许以天皇的身份秉持政务，因此才号称"太上天皇沙弥胜满"，接着，事情又发展为圣武将皇位禅让于阿倍皇太子（「天皇と出家」）。这一观点是从佛教信仰态度的角度来考察禅让原因的。但是，由于当时存在太上天皇与天皇共同执政的情况，而且权力与天皇无异。所以，与其认为禅让是为了佛教信仰，不如说是因为出家后不能在天皇位上执政，才有了禅让之举。

## 孝谦天皇与光明皇太后、藤原仲麻吕

即位后的孝谦天皇为母亲光明皇太后设置了紫微中台。这一机构由天平元年（729）光明子立后之际所设置的皇后宫职改组而成。同时，它也是皇太后用来辅佐孝谦天皇的机构。因此，紫微中台的地位在中务省等八省之上，是仅次于太政官的令外官机构。紫微中台的长官，由光明皇太后的侄子藤原仲麻吕就任。藤原仲麻吕是藤原武智麻吕的次子，而藤原武智麻吕则是藤原不比等的长子。

　　当时皇太后宫在政治舞台上的重要性体现在对铃、玺（印）的持有上。铃、玺指驿铃和天皇御玺，是象征天皇大权的信物。这两样信物由皇太后宫保管，于是，其长官藤原仲麻吕就变得地位显赫。也就是说，作为孝谦天皇的后盾，光明皇太后和藤原仲麻吕一跃登上了政治舞台的中心。之后，藤原仲麻吕逐渐将实权收入囊中。

　　天平胜宝元年（749）十月，孝谦天皇行幸了河内的智识寺。知识（智识）是指捐献财物或抄写佛学经典的信徒团体。圣武天皇当初便是在智识寺与光明皇后一同参拜卢舍那佛时，下定决心要铸造东大寺卢舍那佛的。在宣布铸造大佛的诏书中，圣武天皇向百姓们发出了参与造佛工程的呼吁："如有人情愿持一株草、一把土助造像者，恣听之。"

　　天平胜宝四年（752）四月，朝廷举行了大佛开光仪式。随后，圣武天皇行幸了藤原仲麻吕的私宅"田村第"，并在其宅第下榻。因此，仲麻吕私宅亦有"田村宫"之称，史书将其描写为一座"东西构楼，高临内里，南面之门，便以为橹，人士侧目，稍有不臣之讥"（宝龟八年九月条）的豪宅。

　　天平胜宝六年（754）七月，圣武天皇的生母即太皇太后藤原宫子去世，朝廷为其举行了火葬仪式。十一月，药师寺僧人行信、宇佐八幡宫的主神（负责祭祀事宜的官职）大神多麻吕等人因行"厌魅"之术而被流放。"厌魅"是一种以夺人性命为目的的咒术。药师寺中设有孝谦天皇的药师寺宫，宇佐八幡宫则是在东大寺建造过程中起到重要作用的神宫。虽然"厌魅"的具体诅咒对象不详，但实施"厌魅"之术的都是以上这些寺庙、神宫的相关重要人物。这一事实反映出，孝谦天皇即位一事以及其他因素影响下的政局正处于极大的动荡之中。

天平胜宝八年三月，圣武太上天皇行幸难波，却在当地罹病。这一时期，橘奈良麻吕对上京进献黄金的佐伯全成说了以下一段话：

> 今天下乱，人心无定，若有他氏立王者，吾族徒将灭亡。愿率大伴、佐伯宿祢，立黄文而为君，以先他氏，为万世基。（天平宝字元年七月条）

这已是橘奈良麻吕对佐伯全成进行的第三次劝唆，可知其阴谋一直没有终止。也就是说，橘奈良麻吕一边控制朝中大权，一边暗中策谋政变。

## 圣武驾崩与皇太子问题

天平胜宝八年（756），圣武太上天皇去世，享年56岁。当日，根据圣武太上天皇的遗诏，道祖王登上了皇太子之位。道祖王是天武天皇之孙、新田部亲王之子。次日，朝廷派遣固关使前往铃鹿、不破、爱发三关进行封关。这一举措是为了防范可能爆发的政变。

关于道祖王被钦定的理由，孝谦天皇后来解释，"宗室（皇族）中，舍人、新田部两亲王，是尤长也。因兹，前者立道祖王"（天平宝字元年四月条）。也就是说，道祖王因是新田部亲王之子而被选中继承大统。而道祖王之兄——盐烧王在圣武朝时被流放（天平十四年十月条），因而被排除在候选人之外。道祖王被立太子一事，迫使皇统传承的路线不得不面临改变。在那以后，持统天皇的直系皇位传承结束，继位者虽仍出身于天武系，却是天武旁系。

上文中曾提到圣武的遗诏，当时他的身份为太上天皇。那么，册立太子为何不以孝谦天皇的旨意，而需要以圣武遗诏的形式来进行呢？其中一个原因在于，圣武太上天皇虽然已身在佛门，但在政治上仍具有相当大的影响力。反言之，孝谦天皇的政治影响力还未达到这一水平。比如橘奈良麻吕的政变计划，就与圣武太上天皇的病情在时间上呈现同步性。这一点如实地反映了相较于孝谦天皇，太上天皇是更为关键的人物这一事实。

在圣武去世后七七忌辰的当天，光明皇太后将其遗物供奉于东大寺卢舍那佛。这些遗物经历了后世战乱传至今日，成了正仓院的珍宝。这些进献的圣武生前珍爱之物被记录在《东大寺献物帐》之中。得益于正仓院的珍藏，直到今天我们也能领略圣武生前所用物品的种种风采，其展示了天平文化丰富多彩的国际化特色。

此外，进献物品中还包括黑作悬佩刀。光明皇太后在当时大概已经认识到，此刀虽为圣武珍爱之物，但其使命已经终结。黑作悬佩刀未传于女帝，而且册立道祖王为太子的遗诏宣告了持统—文武系皇统的终结，且没有对佩刀传承有所指示。顺带一提的是，黑作悬佩刀的实物现已不存。作为正仓院珍宝却未被流传下来，这件事本身又成为一个新的谜题。

天平胜宝九年（757）三月，朝廷颁布敕书将"藤原部"改为"久须波良部"，"君子部"改为"吉美侯部"，这一举措是为了避讳"藤原"和"君"① 字的使用。藤原氏与天皇同时出现在敕文中，这显示了当时藤原仲麻吕的政治实力。

两天后，道祖王因"身居谅暗，志在淫纵。虽加教敕，曾无改悔"而受到叱责。紧接着，群臣被召入宫中商议废太子之事。右大臣以及众臣表示赞成，于是决定废

---

① 日语中"君"字亦可代表天皇，因此被敕定为必须避讳的文字。——译者注

黜道祖王的太子之位。

随后，孝谦天皇命令群臣举荐新皇太子人选，最终舍人亲王第七子——大炊王（之后的淳仁天皇）被立为太子，时值 25 岁。藤原仲麻吕早前已将亡子藤原真从之妻——粟田诸姐嫁给了大炊王，并让他居住在田村第。因此，藤原仲麻吕通过粟田诸姐与大炊王结为了名义上的父子关系（岸俊男『藤原仲麻吕』）。这一连串的政治举动暗示我们，事情都在藤原仲麻吕的掌控之中，所谓的藤原仲麻吕政权便由此确立。

### 橘奈良麻吕之乱与淳仁天皇

随着藤原仲麻吕权势的增强，守旧派对他的抵触和反对也愈发强烈。六月开始出现有人要暗杀大炊王与藤原仲麻吕的密报。紧接着七月，藤原仲麻吕又收到了对橘奈良麻吕谋反计划的密告。于是，橘奈良麻吕的政治阴谋败露。橘奈良仲麻吕等人密谋的目标如下：（1）包围田村第，杀害藤原仲麻吕，并顺势包围田村宫，废黜大炊王皇太子位；（2）夺取皇太后宫的铃、玺，召右大臣号令天下；（3）废黜孝谦天皇，从盐烧王、道祖王、安宿王、黄文王中选立一人为天皇。

朝廷即刻将主谋及相关人员逮捕审问并投入大牢。黄文王、道祖王在严刑拷问之下丧命。安宿王等人被流放至偏远地区。据说包括被定为轻罪的 262 人在内，与这次叛乱有瓜葛之人多达 434 名（宝龟元年七月条）。由此，反藤原仲麻吕一派的势力被一扫而光，藤原仲麻吕的独裁之路变得通畅无阻。

天平宝字二年（758）七月，光明皇太后抱恙。八月，孝谦天皇禅位于大炊王，淳仁天皇诞生。其禅让宣命阐述了以下退位理由。

然皇止坐弓天下政乎闻看事者，劳岐重弄事尔在家利。年长久日多久此座坐波，荷重力弱之氐不堪负荷。加以，掛畏朕婆婆皇太后朝乎母人子之理尔不得定省波，朕情母日夜不安。

（译为：然，坐天皇位而闻天下政，实乃劳重之事。久居此位，年长日多，荷重而力衰，不堪负荷。加之，不得尽孝于朕敬爱至极之母皇太后，有悖为子之理，朕情日夜不安。）

毫无疑问，光明皇太后抱恙是孝谦天皇禅让的一个原因。但是在其幕后，藤原仲麻吕的意向起到了很大作用。有研究指出，对藤原仲麻吕而言，与淳仁天皇之间名义上的父子关系，为他打造了取代紫微中台的权力基础。当日，以藤原仲麻吕为首的官员向孝谦太上天皇和光明皇太后分别奉上"宝字称德孝谦天皇"（意为"宝字出现，称颂其德，兼具孝顺与谦让之德的皇帝"）和"天平应真仁正皇太后"（意为"呼应天下泰平、达到真理之巅的世相，兼具仁爱与公正之德的皇太后"的尊号（尊号的解释参照新日本古典文学大系『續日本纪』脚注）。这是日本朝廷首次以唐制为典范献上唐风尊号。

之后，为了表彰藤原仲麻吕的功绩，淳仁天皇首先下达敕令"泛惠之美，莫美于斯"，为其姓赐加了"惠美"二字；并且又赞扬其"禁暴胜强，止戈静乱"（指挫败了橘奈良麻吕之乱），赐名"押胜"。此外，鉴于他是淳仁天皇之妻的义父，淳仁天皇又尊称他为"尚舅"。

其次，淳仁天皇还封赏他 3000 封户、100 町功田作为永世家产，同时又授予他铸造货币、私人有息借贷（737 年后被禁）、将"惠美家印"作为政府印章使用的权力。这些原本属于国家的权力被分割给了藤原仲麻吕。就这样，藤原仲麻吕将实行独裁政治的权力窃据于手中。另外，以唐为范本，朝廷又将太政官（乾政官）以及八省等官府名称改为唐风，例如中务省被更名为信部省（藤原仲麻吕之乱平息后，于天平宝字八年九月废止）。

不过，在后来颁布的追封淳仁天皇生父即舍人亲王为"崇道尽敬皇帝"的诏书中，出现了几处记述孝谦太上天皇不赞成这一谥号，以及光明皇太后将淳仁天皇懿定为"前圣武天皇皇太子"的内容（天平宝字三年六月条）。由此内容可推测，孝谦的反对态度并不十分强硬，但是在如何对待淳仁天皇这一点上，她与光明子之间确实产生了隔阂。

那么，为何尽管淳仁天皇被立为太子的时间是在圣武天皇去世后的孝谦朝，光明皇太后却仍旧要将其懿定为"前圣武天皇皇太子"呢？有学说解释，其目的是在形式上完成与圣武系皇统的衔接。不过，在圣武遗诏中，册立道祖王为太子的理由为"宗室中，舍人、新田部两亲王，是尤长也"。由于淳仁天皇为舍人亲王之子，因此关于淳仁天皇的考虑很可能是建立在圣武遗诏的基础之上的。

天平宝字四年（760）正月，藤原仲麻吕被任命为太师（太政大臣），时值 55 岁。自大宝二年（702）《大宝令》实施以来，藤原仲麻吕是以非皇族身份就任此职的第一人。同时，这也是藤原不比等在世时一直拒绝就任的职位。自此，藤原仲麻吕的权势更为强大。

然而三月，光明皇太后病情恶化并于六月病逝。在关于其去世的相关记载中，有"太后仁慈，志在救物。创建东大寺及天下国分寺者，本太后之所劝也。又设悲田、施药两院，以疗养天下饥病之徒也"的文字。可见，光明皇太后在引导百姓笃信佛教，以及在东大寺、国分寺的建立过程中都发挥了重要作用。

## 藤原仲麻吕之乱与废帝

天平宝字六年（762）二月，藤原仲麻吕叙爵正一位，最终问鼎人臣极位——"正一位太政大臣"。不过，同年五月却发生了以下事件：淳仁天皇与孝谦太上天皇在保良宫行幸之际，彼此间的不睦开始发酵，随后，淳仁天皇返回平城宫的中宫院［大约位于大内里（平城宫）东区］，孝谦太上天皇则去往法华寺（与平城宫相邻，旧藤原不比等宅邸）。据道镜的殁传记载，"宝字五年，从幸保良，时侍看病，稍被宠幸，废帝（淳仁天皇），常以为言，与天皇（孝谦）不相中得。天皇，乃还平城别宫而居焉。宝字八年，大师惠美仲麻吕谋反伏诛"（宝龟三年四月条）。也就是说，由于孝谦太上天皇宠幸了为她医病的道镜，因此淳仁天皇对她提出了异议。

于是，天皇与太上天皇之间的斗争浮出表面，淳仁－仲麻吕阵营与孝谦－道镜阵营的对立初见端倪。当时，光明皇太后已经去世，因此也没有人可在二者之间进行斡旋。

次月，孝谦太上天皇召五位以上的官员集于朝堂（或为位于平城宫中央区域的朝堂院），宣布诏令。其内容与光明皇太后曾经所述相似：朕虽为女子，然为不使草壁系皇统断绝，故即位继承王统。此处明显表现了其对自己女天皇身份的性别意识。

随后，孝谦太上天皇遁入空门成为佛家弟子。关于淳仁天皇的政务分担，她宣布："但政事，常祀小事，今帝行，国家大事赏罚二柄，朕行。"①

就这样，孝谦诏命国家大事由太上天皇一方执行，小事则由淳仁天皇一方处理。从表面上看来，这一时期推进事态向自身有利方向发展的似乎是太上天皇一方，但是，文书行政所必需的铃、印却是由淳仁天皇一方的中宫院保管。因此可知，孝谦太上天皇想要排除淳仁天皇而独揽大权可谓困难重重。现实中，淳仁天皇曾于天平宝字七年（763）正月亲自至阁门为高丽大使叙位。所谓大事、小事的区分并不明确，太上天皇、天皇的权力行使情况极大取决于政治实力的高低强弱。

天平宝字八年（764）九月，藤原仲麻吕自请就任"都督四畿内三关近江丹波播磨等国兵事使"一职。这些地区都是军事要塞，出任此职的意图在于获得军队的动员权。随后，为争夺中宫院的铃、印，双方展开了一场短兵

---

① 原文为宣命体："但政事波，常祀利小事波今帝行给部。国家大事赏罚二柄波朕行牟。"（天平宝字六年六月）——译者注

相接的较量。藤原仲麻吕的政变计划在此完全暴露，史称藤原仲麻吕之乱。由于孝谦太上天皇一方早已采取应对措施，因此逃至近江的藤原仲麻吕最终被捕，叛乱很快得以平息。藤原仲麻吕及其族人、相关人员一律被处死，问以斩刑者共达 375 人（《日本后纪》延历十八年二月条《和气清麻吕薨传》）。

随后的十月，孝谦太上天皇做出了处置淳仁天皇的决定："今闻，与仲麻吕同心，窃谋扫朕。"① 接着她便废黜了助长叛乱势力的淳仁的皇位，将其贬回亲王身份并流配至淡路国幽禁。淳仁天皇沦为废帝。

## 称德天皇重祚

实际上，我们尚未发现具体显示孝谦太上天皇在此后重祚的史料。废黜淳仁天皇的宣命公布五日之后，孝谦宣布不立太子，警戒一切试图拥立皇太子的动向。这一宣命，事实上象征了孝谦女帝的重祚。《续日本纪》对重祚后的孝谦做了以下记载："先是，废帝，既迁淡路。天皇，重临万机。"（天平神护元年十一月条）当时正值出家后的称德天皇（孝谦重祚后的汉风谥号）47 岁的初冬时节。

---

① 原文为宣命体："今闻仁，仲麻吕止同心之天窃朕乎扫止谋家利。"（天平宝字八年十月）——译者注

但翌年天平神护元年（765）三月，称德天皇又再次下达诏命："天下之政，行于君敕。不可各自放任私心，欲立太子以图建功"①。由此可见，即便是在藤原仲麻吕之乱被平息后，人心也因皇位继承问题摇摆不定。

另外，称德天皇在平定藤原仲麻吕之乱后，于讨贼将军凯旋当日，将道镜任命为大臣禅师。禅师是赋予在山林间刻苦修禅的僧侣的称号。道镜是一个兼善医术的"看病禅师"，其俸禄的封户数已达到大臣级别。天平神护元年闰十月，道镜又被晋升为太政大臣禅师。太政大臣为"天子师范"，太政大臣禅师的地位就相当于俗世的太政大臣。

天平神护二年十月，道镜被赐予法王之位。此处的法王，地位等同于俗世的天皇。朝廷每月供奉给道镜的米盐等，规格分量都与天皇等级相同。不过，称德天皇同时还任命了藤原永手为左大臣、吉备真备为右大臣、道镜之弟弓削净人为中纳言。在当时的人事安排上，称德天皇还考虑了除道镜外的其他人，这一点必须注意。

翌年767年，设立法王宫职。它是一个为法王执行政务而服务的机关，规模可与皇后的中宫职媲美，但它应当

---

① 原文为宣命体："天下政方，君乃敕仁在乎，己可心乃比岐比岐，太子乎立念天功乎欲须流物仁方不在。"——译者注

还无法替代太政官的执政地位。就这样，在称德天皇的推动下，僧人道镜登上了政治舞台，但同时，称德天皇也保持着协调各种势力的政治平衡力（瀧浪贞子『最後の女帝　孝謙天皇』）。《日本灵异记》这样描述道镜："弓削氏僧道镜法师，与皇后同枕交通，天下政相摄治天下。"（下卷第三十八缘）事情真相虽已不得而知，但可以确定的是，称德天皇在当时的年纪已不能生育。相对于事件真相，这点更为重要。

但是，据《续日本纪》记载，这一期间发生了不少恶性事件。天平神护元年（765）八月，舍人亲王之孙——任参议、兵部卿的和气王被怀疑安排他人实施咒术。天平神护二年四月，朝廷审问并流放了一个自称圣武天皇皇子的男子。神护景云三年（769）五月，不破内亲王将称德天皇的头发放入骷髅中，实施"厌魅"之术。而正当这些不祥事件此起彼伏时，天平神护元年十月，身陷淡路岛的淳仁由于不堪幽闭生活企图逃走，却被国司逮捕后在居处身亡。就这样，在皇嗣未决的称德朝，接连不断地发生了一系列涉及皇位的事件。

在这一背景下，769年，大宰府的主神习宜阿曾麻吕宣称，宇佐八幡神下达了神谕："令道镜即皇位，天下太平。"这就是"宇佐八幡神谕事件"。最后，和气清麻吕①转达的八幡神的神谕是："我国家开辟以来，君臣定矣。以臣为君，未之有也。天之日嗣必立皇绪。无道之人宜早扫除。"结果，这番话令道镜大为恼怒，和气清麻吕因此被夺去位阶并被流放到大隅国。

## 天智天皇皇孙的即位——光仁天皇

此后，道镜依旧权势当道。然而，神护景云四年（770）八月，称德女帝去世，享年53岁。当天，左大臣藤原永手、右大臣吉备真备等便联合群臣商议，将天智天皇的二世王——白壁王立为皇太子。藤原永手宣读了称德天皇的遗诏："白壁王于诸王之中年齿亦长，又因先帝（天智天皇）之功常在，定为太子。"② 时值白壁王62岁。接着，为防患于未然，朝廷派遣固关使前往三关。

据《续日本纪》载，遗诏便是称德天皇的遗言。不过，她在世时未曾明确表达过对继任者人选的意见。因此，《日本纪略·藤原百川传》中很早就记载了遗诏乃伪作的说法（宝龟元年八月条）。如此看来，立太子一事中

---

① 769 年大宰府主神向称德天皇上奏宇佐八幡神的神谕之后，和气清麻吕受命前往确认宇佐八幡神的神谕真伪。临行前，道镜嘱咐清麻吕："大神所以请使者，盖为告我即位之事。因重募以官爵。"清麻吕是称德天皇近侧的尼僧和气广虫的弟弟。——译者注

② 原文为宣命体："白壁王波诸王乃中年齿毛长奈利，又先帝能功毛在故仁，太子止定天。"——译者注

也存在模糊不清的因素。

　　白璧王之父——志纪（志贵、施基）亲王是天智天皇之子。天武八年（679），志纪亲王在吉野宫与天武系的诸皇子参加盟约，发誓永世不为皇位起争执。据白璧王即位前纪记载，"天皇，深顾横祸时，或纵酒晦迹。以故，免害者数矣"。可知，他彻底贯彻了谨言慎行的立身之道。他的妻子为圣武天皇之女井上内亲王，已诞下他户皇子。于是，皇统以他户皇子为基点，经由其母，与圣武天皇连接在了一起。

　　之后，皇太子白璧王将道镜放逐到下野国药师寺；接着，又在称德女帝四九忌日法会后的十月一日即位，改元宝龟，光仁天皇由此登上历史舞台。他还将井上内亲王封为皇后，将他户亲王立为皇太子。

　　但是，宝龟三年（772），井上皇后因诅咒天皇之罪被废黜皇后之位，他户皇子也被废黜了皇太子位。翌年，山部亲王被立为皇太子。山部亲王为光仁天皇与高野新笠（百济系移民、和乙继之女）之子，与天武系没有关系。

　　天应元年（781）四月，多病的光仁天皇让出皇位（十二月去世），山部亲王即位，桓武天皇诞生。这一时期的王权似乎并不稳固。延历元年（782），爆发了冰上川继等人的谋反事件。冰上川继的父亲是新田部亲王之子——冰上盐烧（原为盐烧王），母亲为井上内亲王之

**古代日本的女帝**

妹——不破内亲王。换言之，冰上川继的父亲是天武天皇之孙，母亲为圣武天皇之女。此后，天武系皇统迎来了永久的落幕，取而代之的是天智系天皇的时代。

而在此后的天智系皇统中，便再没有出现过女天皇即位的现象。

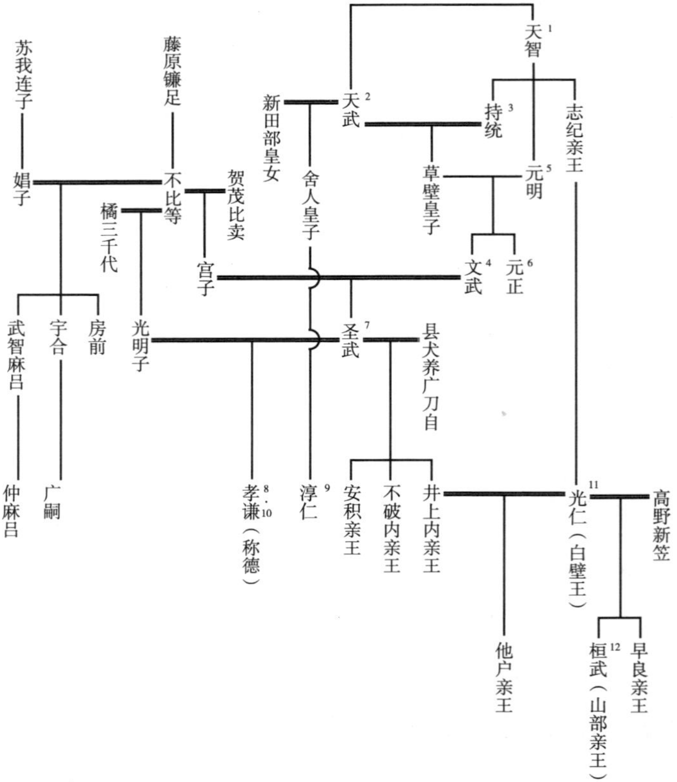

天智[1] 天武[2] 持统[3] 志纪亲王 新田部皇女 草壁皇子 元明[5] 舍人皇子 宫子 文武[4] 元正[6] 苏我连子 娼子 藤原镰足 不比等 贺茂比卖 橘三千代 光明子 圣武[7] 县犬养广刀自 武智麻吕 宇合 房前 仲麻吕 广嗣 孝谦[8][10]（称德） 淳仁[9] 安积亲王 不破内亲王 井上内亲王 光仁[11]（白壁王） 高野新笠 他户亲王 桓武[12]（山部亲王） 早良亲王

图 4 - 2　天智、天武两天皇以来的系谱图（其2）

# 尾章　古代女帝诞生的原因

　　自天武朝前后起，日本编纂史书的势头高涨，8 世纪初期《古事记》《日本书纪》相继成书。如序章所述，《古事记》《日本书纪》分别将推古天皇和持统天皇作为终章的历史人物。这两部在不同目的下编纂而成的史书，其开篇和结尾必然自有其意义。

　　两书开篇处记载的是第一代天皇神武天皇，理由自不待言；但令人琢磨不透的是两部书的结尾方式，二者都不约而同地将焦点锁定在了女天皇的身上。原因何在呢？难道以女帝结尾仅是一种巧合吗？

　　在此，我们对两位女帝的特点再做一次比较。首先，她们都曾身为皇后。有趣的是，二者的汉风谥号在意义上都与本身的名字（讳）及和风谥号相差甚远。"推古"意为"推动古昔"，"持统"意为"维持皇统"，两个谥号都被赋予了某种特定的历史观。

**古代日本的女帝**

其次，她们在当政时，都有有力的皇位继承者即太子在位。推古有皇侄厩户皇子，持统有皇孙轻皇子（文武天皇）。而正是此处太子间的差异暗示了二者作为女帝的不同特点。

实际上，在推古之后即位的是舒明天皇，持统之后即位的是文武天皇。即位者都不是她们的子辈，而是孙辈。反言之，她们没有将皇位传给子辈。这里隐藏着阐明女天皇诞生问题的关键。本应继承皇位的子辈男性，因为某些理由而被质疑否定，这种现实情况便成了女天皇即位的背景。推古天皇是因为没有合适的皇嗣人选而即位的，而持统天皇的即位则与她决意让其孙即位的政治欲望密不可分。可见，女天皇的即位有这两种类型。

对于生活在飞鸟时代末、奈良时代初的编纂者而言，"古事之文"的《古事记》的时代意味着"古代"。日本史书的编纂开始于天武朝，和铜五年（712）《古事记》被献至朝廷。而迁都平城就发生在这两年之前。当时担负着皇权命运的人都曾经历过飞鸟时代的风风雨雨。

飞鸟冈本宫代表着飞鸟时代的开始，它是由推古之后的舒明天皇下令修建的。对于天武天皇而言，舒明天皇是他的父亲，因而是与他同时代的人。所以，在他眼中，飞鸟之世便是"今世"（近代），而此前曾祖父母的时代便是古代。带着这层意义，在《古事记》中担任谢幕者角色的额田部皇女就被后人赋予了意为"推动古昔"的汉风谥号。

另外，《日本书纪》不仅记述了大和王权的成立及由来，同时还以编年体的形式记录了到持统天皇为止的日本列岛的历史。养老四年（720），《日本纪》三十卷与《系图》被进献到朝廷。此时正值元正女帝的统治时期，由持统天皇禅位而即位的文武天皇以及元明女帝的朝代都已经结束。如正文中阐述的那样，持统天皇所立下的志愿是让早逝的草壁皇子的皇统延续下去。"持统"这一汉风谥号的命名确切地反映了奈良时代的贵族对这位天皇的言行已有十分清晰的认识。飞鸟、奈良时代前半期的天皇们，在取得了包括藤原不比等在内的群臣们支持的同时，一律都立志于维护持统—草壁—文武皇统的传承。

总之，在最早的史书《古事记》《日本书纪》中，推古天皇与持统天皇都被人们视为开启下一个时代的"里程碑"式的人物。这意味着以"女帝"为基轴回顾历史的方法，可以让我们窥视古代在经历时代转换时的景象。

从女天皇特征的立场出发，在六位、八代女帝之中，持统天皇是立于转折点上的人物。在其前后，女帝的历史意义发生了质的转变。在女帝史的前半期，由于没有出现在政治资质和年龄上符合条件的皇子，群臣为了确保王权的稳定而拥戴了身为女性的推古天皇。皇极天皇的情况也可被视为这一路线的延伸。但是，自持统天皇开始，女帝即位的动机转变为维护持统天皇之孙——文武天皇等天武－持统系皇统。严格地说，此处应改写为持统—文武系才更为妥当。这一皇统传承在单身的孝谦（称德）天皇时画上了句号。在那之后，皇统从天武系传承到了天智系，女天皇的历史也迎来了落幕。

虽说持统天皇代表了一个历史转折点，女天皇的存在方式在持统以前的 7 世纪与持统以后的 8 世纪出现了不同；但在这两个时期，女帝的诞生都受到了子女辈或是天皇早逝等因素的影响，同时也被各种政治形势所左右。可以说，女帝的即位一直都是为化解某个政治课题而实施的对策。

由此我们可以联想到与皇位继承有关且已成为定例的"不改常典法"。


如正文所述，"不改常典法"准确而言是"诚惶诚恐谨曰，定都近江大津宫之御宇大倭根子天皇（天智天皇）钦定与天地共长、与日月共远之不改常典法"。"不改常典"一词出现在元明女帝即位之际，被首次使用在元明的即位宣命中。

首先，根据目前研究可知，以天智系桓武天皇的登场为转折点，"不改常典法"被改称为"诚惶诚恐谨曰，定都近江大津宫之御宇天皇（天智天皇）钦定法"，内容和意义均呈现变化。它原本是天武系天皇时代确立的直系皇位继承法，到了光仁天皇、桓武天皇等天智系天皇时代却衍生出了其他意义。其次，研究还指出，由于皇统从天武系转为天智系，天智系天皇为彰显自身作为皇位继承者的正统性，便将天智天皇的钦定法再次搬上了舞台。桓武天皇的即位宣命成为历代天皇即位宣命的典范，一直被中世、近世的天皇们所承袭。此外，自桓武天皇起，不但天皇的血统出现了改变，而且天皇的存在方式也与以往大为不同（早川庄八『天皇と古代国家』）。

根据早川庄八的研究可知，在桓武天皇之前，畿内的豪族首领们虽然将天皇视为律令制国家的君主而拥戴，但是二者之间同时也存在一种相互制衡的关系。8世纪，之所以会对天皇提出必须成年并拥有独立自主判断能力的要求，一部分原因就来自于此。但是，桓武天皇将自身的即位喻为建立在天命思想之上的"易姓革命"，将父亲光仁天皇尊为"昊天上帝"（支配宇宙的上帝）进行配祀[1]，

---

① 《易经》中可见"以配祖考"。在古代宗庙祭祀活动中，除了主要祭祀对象之外，同时祭祀与其有密切关联但地位相对次要的对象，统称为从祀，如帝王祭天时以先祖为从祀。配祀的意思接近于配享、从祀等，但其间亦有差别。——译者注

并在交野（河内国交野郡的游猎地，现位于大阪府枚方市、交野市附近）的郊外举行祭祀仪式。他还将自身定位为以中国式律令制为典范的专制君主，强化其君主权威。于是，自桓武朝起，畿内豪族开始丧失议政官的地位，藤原氏以及出身于外来系氏族的官僚贵族取而代之成为议政官。随着天皇地位的日益稳固，天皇必须是成年人的必要性也就消失了。从历史发展的角度来看，这一观点是稳妥的。

由此，我们可以这样认为，由于未成年者也可即位成为天皇，因此像持统—文武—圣武天皇这样候选人范围狭窄的皇统传承一旦消失，认为女天皇不可或缺的观念也随之消亡，直系天皇皇位继承的"不改常典法"也失去了存在的必要性。

总而言之，单身的称德女帝的出现，使天武-持统系皇统走向了衰亡。称德天皇去世后，天智系的光仁天皇继承了大统。在光仁天皇统治时期，与天武直系有关联的人遭到了铲除。之后继位的桓武天皇又废除了天武直系所制定的各种政策，实行了诸如迁都长冈京、修改和废除国忌、否定天武八姓秩序等政策（早川庄八『天皇と古代国家』）。

早川庄八还指出，天皇不以真身出现在一般民众面前的神秘性产生于平安时代。而打破这一惯例，像 8 世纪的天皇那样出现在民众面前的则是形象焕然一新的明治天皇。自平安时代起塑造起来的天皇形象，在明治维新的浪潮中被一举击碎，天皇恢复了飞鸟、奈良时代的身姿。

　　此处令人深思的是明治天皇的历史观。据说，即位当初以平安时代以来的文化来包装自己的明治天皇，发出了对平安文化"软弱性"的喟叹，于是毅然断发，改穿起了西式军装。川尻秋生评价道，尽管祭祀等场合中天皇的装束如旧，但日本在近代"西洋化的进程中摆脱了平安朝长久以来的影响"（『平安京迁都』）。人们一般认为，公家（贵族）的文化风俗是从平安时期开始的。但实际上，自以唐为楷模的桓武天皇当政后，天皇的存在方式就发生了巨大的改变。桓武天皇是以一个"新王朝"创始者的姿态来君临天下的。

　　这一历史动向虽然与皇位的继承方式不存在直接关系，但不可否认的事实是，自天武－持统系皇统被天智系取代之后，天智系就再也没有出现过女天皇了。持统天皇主张极端的血统主义，与之前为谋求王权稳定而让女帝即位的情况有所不同。这是因为，血统主义造就的不过是一个执着于"维持皇统"这一狭隘目的的女帝。从这一点也可知，其汉风谥号被定为"持统"是十分恰当的。

　　最后，让我们简单谈谈称德天皇之后的女天皇。首

**古代日本的女帝**

先，院政期曾出现过一位女性皇嗣人选。镰仓时代前期，慈圆在其所著的《愚管抄》中记载了此事。

> 院（鸟羽上皇）为举新帝之事而劳损圣虑。四宫（四皇子）后白河院，乃待贤门院（璋子）亲腹所生，虽与新院（崇德）同居一处，但沉湎游艺，名声毁之殆尽，恐无继大统之器。苦思后，院又于近卫院之姊八条院宫子（璋子内亲王）、新院一宫（重仁亲王）、四宫之子二条院（守仁亲王）之间举棋不定。其时，院未将此事语于知足院殿（忠实）、佐府（赖长），一概相谈于法性寺殿（忠通）。

这段文字描述了近卫天皇驾崩后，鸟羽上皇为新天皇人选"劳损圣虑"的情形，并列举了四位新帝人选（后白河天皇、八条院、重仁亲王、守仁亲王）。其中八条院璋子是一位女性。然而，最终实际即位的却是被评价为"恐无继大统之器"的后白河天皇。

《愚管抄》记录的这一幕同样出现在《今镜》《古事谈》之中。有学者指出，在这一时期，女性依然有成为天皇的可能性（荒木敏夫『可能性としての女帝』）。关于这段记录是否属实抑或有多少可信性尚存疑问，但毋庸置疑的是，女帝即位在当时至少形成了一个政治话题。此处篇幅有限无法详述，但需指出的是，当时的政治形势与古代女帝即位的背景是大相径庭的。

　　进入江户时代之后，有两位女天皇登上了历史舞台。第一位是宽永六年（1629）即位的明正天皇。此时，后水尾天皇与幕府之间政治关系紧张，后水尾天皇单方面让出了皇位。于是，8岁的明正天皇即位了。她在事实上成为称德天皇之后的首位女帝。明正天皇为后水尾天皇与将军德川秀忠之女所生。附带提一点，据说"明正"二字分别取自元明天皇的"明"与元正天皇的"正"，名号中依稀可见古代的旧影。宽永十年（1643），明正天皇禅位于异母弟。

　　此外，宝历十二年（1762）桃园天皇猝逝后，24岁的后樱町天皇登场。她之所以即位，是因为当时的储君年纪尚幼。明和七年（1770），她将皇位让于13岁的后桃园天皇。这两位女天皇都终身未婚，而且恰巧都是在74岁去世的。

　　虽然江户时代的两位女天皇与古代女天皇之间也存在共同点，但是她们所处的统治结构框架与古代天皇制有着本质不同。暂且不论其他，两位女帝都生活在德川幕府的影响之下，因此，必须另拓视角来讨论她们存在的历史意义。

# 后　记

在当今探讨女帝问题的意义何在？作为一股历史潮流，7~8世纪是一个女帝辈出的时代，对于古代史研究者而言，女帝无疑是一个无法亦不容回避的课题。笔者自大学时代以来就嗜读《日本书纪》《续日本纪》，女帝曾是我一直想要探索的一个课题。不过，因为它与当今天皇制问题也有微妙的关联，因此可以说，它既是一个"恰合时宜的课题"，同时又是一个"沉重的课题"。

但是，一旦提笔（实为打字）、阅读（再读）有关女帝的大量学术著作以及一般书籍，笔者便得以用平常心缀文完稿。

拙著对古代女帝进行了探讨，主要以《日本书纪》《续日本纪》为依据，同时也参照了《魏志·倭人传》等史料。这些书籍都是最基本的古代史文献，关于它们已有十分丰厚的研究成果，笔者亦从中受益良多。因此在拙著最后，笔者想谈谈与这些文献相关的个人经历。

在日本的大学，本科阶段使用的日本古代史标准教材为《续日本纪》。笔者在本科期间参加的专题研讨班，同样也使用"新订增补国史大系"的普及版《续日本纪》前、后篇与《令义解》作为教材，由井上光贞老师教授。时值昭和四十一年（1966）。

后来，笔者在千叶大学任教以及转任于明治大学以后，基本上都以《续日本纪》为研究对象，时亦探讨《日本书纪》《上宫圣德法王帝说》的相关课题。另外，自1978年起，笔者参与了《续日本纪》的注解工作，之后，此书被编入新日本古典文学大系。笔者与吉冈真之、石上英一等人一起联合井上光贞老师，组织了"《续日本纪》注解编纂会"，并以笹山晴生为核心推动了研究会的运转。注解编纂工作正式开始以后，我们每年都会于夏、冬时节在裾野市的富士教育研修所举行连续数日的集中型研究会。会上，吉田孝、已故的青木和夫、早川八庄等学者以及本人常常据理力争毫不相让，秉持着严谨不苟的治学态度。时至今日，这段时光依旧令笔者十分怀念。然而，这项编纂工作进行至第五册刊行时，共花费了近20年时间，实乃路漫漫而艰辛。

如上所述，笔者与古代女帝之间的"交情"已走过了数十个春秋。在这次执笔过程中，当笔者翻阅新日本古典文学大系《续日本纪》时，脑海中时常浮现当年研究会上大家展开过的各种讨论。毋庸赘言，笔者关于女帝的不少拙见都受到了研究会及课程的影响。但是，关于学界已经普遍以"称号论"来解释的"大后"等研究课题，仍存在尚待解决的重要疑点。笔者认为，"大后"与"大王"一样，应当是表示敬意的称呼。因此，拙著虽然属于"岩波新书"系列，但是针对"大后"问题，笔者还是依据史料进行了详细的解说。然而在古代史领域中，史料的绝对数甚微，因此笔者也不敢断言自身学说"绝对正确"。出于这些原因，拙著中有数处内容的阐述形式出现了前后变更，敬请谅解。

很早以前，人们就一直呼吁大学学术的全球化发展。在这一点上，笔者一方面聘请各个国家的学者赴明治大学演讲，了解其研究成果；另一方面，自身亦出访中国、韩国、美国等国，开展学术报告、共同研究以及实地调查等活动。拙著的部分内容就来自本人在国际学会上的报告。这些研究获得了文部科学省的"私立大学战略研究基础形成支援事业""科学研究费补助金（基础研究）"等的资助，同时亦得到了明治大学的支持。借此机会，特表感谢。

自拙著开始策划直至执笔，笔者一直承蒙岩波新书编辑部古川义子的多方关照。假如没有古川义子的中肯建议，拙著的刊行恐怕会遥遥无期。比次的撰写过程比预想的更加令人愉悦。另外，拙著还吸纳了明治大学大学院文学研究科研究生坂口彩夏提出的有益建议。在此向二位表示感谢。

2012 年 10 月

吉村武彦

# 参考文献

青木和夫「日本書紀考証三題」『日本律令制国家論攷』岩波書店、1992

荒木敏夫『可能性としての女帝』青木書店、1999

荒木敏夫『日本古代王権の研究』吉川弘文館、2006

石尾芳久『古代の法と大王と神話』木鐸社、1977

井上光貞『天皇と古代王権』岩波現代文庫、2000

井上　亘『日本古代の天皇と祭儀』吉川弘文館、1998

上田正昭『藤原不比等』朝日新聞社、1986

宇土市「向野田古墳の様相」、『新宇土市史　通史編 1』2003

遠藤みどり「七、八世紀皇位継承における譲位の意義」『ヒストリア』二　九、2008

遠藤みどり「持統譲位記事の「定策禁中」について」『川内古代史論集　七』、2010

遠藤みどり「令制キサキ制度の成立」『日本歴史』七五四、2011

遠藤みどり「＜大后制＞の再検討」『古代文化』六三－二、2011

大平　聡「女帝・皇后・近親婚」『日本古代の王権と東アジア』吉川弘文館、2011

大脇　潔「聖徳太子関係の遺跡と遺物」『聖徳太子事典』柏書房、1997

小澤　毅『日本古代宮都構造の研究』青木書店、2003

折口信夫「宮廷生活の幻想」『折口信夫全集20　神道宗教篇』中公文庫、1976

川尻秋生「仏教の伝来と受容」『古墳時代の日本列島』青木書店、2003

川尻秋生『平安京遷都』岩波新書、2011

岸　俊男『日本古代政治史研究』塙書房、1966

岸　俊男『藤原仲麻呂』吉川弘文館、1969

岸　俊男「天皇と出家」『日本の古代7　まつりごとの展開』中央公論社、1986

北山茂夫『日本古代政治史の研究』岩波書店、1959

熊谷公男「即位宣命の論理と「不改常典」法」『歴

史と文化』四五、2010

　　群馬県教育委員会他『綿貫観音山古墳Ⅰ』1998

　　河内祥輔『古代政治史における天皇制の論理』吉川弘文館、1986

　　小林敏男『古代女帝の時代』校倉書房、1987

　　坂口彩夏「「臨朝」による称制の検討」『文学研究論集』三六、明治大学大学院、2012

　　笹山晴生『日本古代衛府制度の研究』東京大学出版会、1985

　　佐藤長門『日本古代王権の構造と展開』吉川弘文館、2009

　　白石太一郎『古墳とヤマト政権』文春新書、1999

　　清家　章『古墳時代の埋蔵原理と親族構造』大阪大学出版会、2010

　　薗田香融「護り刀考」『日本古代の貴族と地方豪族』塙書房、1992（ "91" 为讹误）

　　瀧浪貞子「女帝の条件」『京都市歴史資料館紀要』一〇、1992

　　瀧浪貞子『最後の女帝　孝謙天皇』吉川弘文館、1998

　　武田佐知子「男装の女王・卑弥呼」『古代史の論点2』小学館、2000

田中良之『古墳時代親族構造の研究』柏書房、1995

田中良之『骨が語る古代の家族』吉川弘文館、2008

土橋　寛『古代歌謡全注釈　日本書紀編』角川書店、1976

寺崎保広『長屋王』吉川弘文館、1999

寺沢知子「権力と女性」『古代史の論点　2』小学館、2000

東野治之「『続日本紀』所載の漢文作品」『日本古代木簡の研究』塙書房、1983

東野治之『長屋王木簡の研究』塙書房、1996

遠山美都男『彷徨の王権　聖武天皇』角川書店、1999

遠山美都男『古代日本の女帝とキサキ』角川書店、2005

直木孝次郎「厩戸王子の立太子について」）『飛鳥奈良時代の研究』塙書房、1975

中村裕一『中国古代の年中行事　春』）汲古書院、2009

成清弘和『日本古代の王位継承と親族』岩田書院、1999

**古代日本的女帝**

南部　昇「女帝と直系皇位継承」『日本歴史』二八二、1971

西嶋定生『邪馬台国と倭国』吉川弘文館、1994

西野悠紀子「律令体制下の氏族と近親婚」『日本女性史　1』東京大学出版会、1982

仁藤敦史『卑弥呼と台与』山川出版社、2009

仁藤敦史『古代王権と支配構造』吉川弘文館、2012

春名宏昭「太上天皇制の成立」『史学雑誌』九九 – 二、1990

早川庄八『天皇と古代国家』講談社学術文庫、2000

林　陸朗『上代政治社会の研究』吉川弘文館、1969

水谷千秋『継体天皇と古代の王権』和泉書院、1999

村井康彦「王権の継受」『日本研究』一、1989

山崎かおり「古事記の「大后」」『古事記年報』四三、2001

山本一也「日本古代の近親婚と皇位継承」『古代文化』五三 – 八・九、2001

義江明子『古代王権論』岩波書店、2011

吉川敏子「女帝と皇位継承」『史聚』四一、2008

吉田　孝「八世紀の日本」『岩波講座　日本通史4』岩波書店、1994

吉田　孝『歴史のなかの天皇』岩波新書、2006

吉村武彦『古代天皇の誕生』角川書店、1998

吉村武彦『ヤマト王権』岩波新書、2010

吉村武彦「古代史からみた王権論」『古墳時代研究の現状と課題　下』同成社、2012

米田雄介編『歴代天皇・年号事典』吉川弘文館、2003

渡部育子『元明天皇・元正天皇』ミネルヴァ書房、2010

＊　＊

日本古典文学大系『日本書紀』上・下、岩波書店、1965～1967

新編日本古典文学全集『日本書紀』一～三、小学館、1994～1998

日本思想大系『古事記』岩波書店、1982

新編日本古典文学全集『古事記』小学館、1997

新日本古典文学大系『続日本紀』一～五、岩波書店、1989～1998

新日本古典文学大系『万葉集』一～四、岩波書店、1999～2003

日本古典文学大系『懐風藻　他』岩波書店、1964

# 相关年表

| 西历 | 历史事件 |
|---|---|
| 146 | 汉桓帝（146～167 年在位）、汉灵帝（167～189 年在位）时期，据传倭国大乱 |
| 204 | 这一时期，公孙氏在乐浪郡以南设置带方郡 |
| 220 | 东汉灭亡，北魏建国 |
| 239 | 倭女王遣使访问北魏，被授予"亲魏倭王"称号 |
| 248 | 这一时期，卑弥呼亡，壹与即位 |
| 266 | 倭女王遣使访问西晋 |
| 391 | 据传倭国攻破百济、新罗，以为臣民（好太王碑） |
| 420 | 南朝宋建国 |
| 421 | 倭国"赞"（倭五王之一）向南朝宋朝贡，被封为安东将军倭国王 |
| 438 | 南朝宋封倭国"珍"（倭五王之一）为安东将军倭国王 |
| 443 | 倭国"济"（倭五王之一）向南朝宋朝贡，被封为安东将军倭国王 |
| 462 | 南朝宋封倭国"兴"（倭五王之一）为安东将军倭国王 |
| 471 | 稻荷山古坟出土了刻有"辛亥年"铭文的金错铭铁剑 |
| 478 | 倭国"武"上表于南朝宋，被封为安东大将军倭王 |
| 479 | 南朝宋灭亡 |

| 西历 | 日本纪年 | 历史事件 |
|---|---|---|
| 507 | 继体一 | 继体天皇从越赴京，于河内即位 |
| 526 | 二十 | 迁都磐余（异本为继体七年） |
| 531 | 二十五 | 继体天皇亡，勾大兄（安闲天皇）即位（抑或 533 年） |
| 534 | 安闲一 | |
| 535 | 二 | 安闲天皇亡，桧隈高田皇子（宣化天皇）即位 |
| 536 | 宣化一 | |
| 538 | 三 | 佛教由百济传入（见于《上宫圣德法王帝说》等） |
| 539 | 四 | 宣化天皇亡，钦明天皇即位 |

续表

| 西历 | 日本纪年 | 历史事件 |
|---|---|---|
| 540 | 钦明一 | |
| 552 | 十三 | 佛教由百济传入（佛教公传，见于《日本书纪》等） |
| 571 | 三十二 | 钦明天皇亡 |
| 572 | 敏达一 | 敏达天皇即位 |
| 576 | 五 | 额田部皇女被立后 |
| 577 | 六 | 私部设立 |
| 585 | 十四 | 敏达天皇亡，用明天皇即位 |
| 586 | 用明一 | 穴穗部间人皇女被立后 |
| 587 | 二 | 用明天皇亡。物部守屋被苏我马子灭门。泊濑部皇子（崇峻）即位 |
| 588 | 崇峻一 | |
| 589 | 二 | 隋统一中国 |
| 592 | 五 | 苏我马子暗杀崇峻天皇。**额田部皇女（推古）即位** |
| 593 | 推古一 | 厩户皇子（圣德太子）被立为太子 |
| 600 | 八 | 首次派遣遣隋使 |
| 603 | 十一 | 迁都至小垦田宫。制定冠位十二阶制 |
| 604 | 十二 | 厩户皇子制定宪法十七条 |
| 607 | 十五 | 设置壬生部，遣小野妹子出使隋 |
| 622 | 三十 | 厩户皇子亡于斑鸠宫 |
| 628 | 三十六 | 推古天皇亡，苏我虾夷消灭同族的境部摩理势 |
| | | 唐统一中国 |
| 629 | 舒明一 | 田村皇子（舒明）即位 |
| 630 | 二 | **宝皇女被立后** |
| 641 | 十三 | 舒明天皇亡 |
| 642 | 皇极一 | 宝皇女（皇极）即位 |
| | | 高句丽大臣泉盖苏文弑杀国王荣留王 |
| 643 | 二 | 苏我入鹿遣兵袭击山背大兄，迫其自尽 |
| | | 百济国王加强集权 |

## 古代日本的女帝

| 西历 | 日本纪年 | 历史事件 |
|---|---|---|
| 645 | 大化一 | 乙巳之变（大化改新），皇极天皇禅让，轻皇子（孝德）即位。颁布"东国国司"诏。古人大兄被害。迁都难波 |
| 646 | 二 | 颁布《改新诏》 |
| 649 | 五 | 苏我仓山田石川麻吕被冠"谋反"罪，自尽 |
| 650 | 白雉一 | 改元"白雉" |
| 651 | 二 | 迁宫至难波长柄丰碕宫 |
| 653 | 四 | 中大兄与天皇不睦，偕同皇后等返回飞鸟 |
| 654 | 五 | 孝德天皇亡 |
| 655 | 齐明一 | **皇极天皇重祚，齐明天皇诞生** |
| 656 | 二 | 齐明天皇大兴"狂心渠"等土木工程 |
| 658 | 四 | 有间皇子议论"齐明三大败政"，被杀害 |
| 661 | 七 | 齐明天皇为救援百济，移驾筑紫朝仓宫。齐明天皇亡。中大兄（天智）以皇太子身份称制 |
| 662 | 天智一 | |
| 663 | 二 | 白江村之战中，倭－百济联军惨败于新罗－唐联军 |
| 664 | 三 | 朝廷于对马、壹歧、筑紫设置防人、烽火台，于筑紫修筑水城 |
| 667 | 六 | 迁都近江大津宫 |
| 668 | 七 | 天智天皇举行即位仪式 |
| 670 | 九 | 制定全国户籍，即庚午年籍 |
| 672 | 天武一 | 爆发壬申之乱 |
| 673 | 二 | 天武天皇于净御原宫举行即位仪式 |
| 681 | 十 | 草壁皇子被立太子 |
| 683 | 十二 | 大津皇子开始参与朝政 |
| 686 | 朱鸟一 | 天武天皇因病将政务委于皇后、皇太子。天武天皇亡。**鸬野皇后（持统）称制** |
| 687 | 持统一 | |
| 689 | 三 | 草壁皇子亡。颁布《净御原令》 |

| 西历 | 日本纪年 | 历史事件 |
|------|----------|----------|
| 690 | 四 | 持统天皇举行即位仪式。根据户令,制定庚寅年籍 |
| 694 | 八 | 迁都藤原宫 |
| 697 | 文武一 | 轻皇子被立太子。持统天皇禅让,轻皇子(文武)即位 |
| 701 | 大宝一 | 改元"大宝"。《大宝律令》确立。文武天皇与藤原宫子之子首皇子出生 |
| 702 | 二 | 持统太上天皇亡 |
| 704 | 庆云一 | 改元"庆云" |
| 707 | 四 | 文武天皇亡,**其母阿閇皇女(元明)即位**。设置授刀舍人寮 |
| 708 | 和铜一 | 改元"和铜"。颁布迁都平城之诏。发行和同开珎 |
| 710 | 三 | 迁都平城宫 |
| 712 | 五 | 《古事记》被进献朝廷 |
| 714 | 七 | 首皇子被立太子 |
| 715 | 灵龟一 | 元明天皇禅让,**冰高内亲王(元正)即位**。改元"灵龟" |
| 717 | 养老一 | 藤原不比等被任命为右大臣。改元"养老" |
| 718 | 二 | 首皇子与藤原光明子(不比等之女)之女阿倍皇女出生 |
| 720 | 四 | 《日本书纪》被进献朝廷。藤原不比等亡 |
| 721 | 五 | 元明太上天皇亡 |
| 724 | 神龟一 | 元正天皇禅让,首皇子(圣武)即位。改元"神龟" |
| 727 | 四 | 藤原光明子诞下皇子,其被立太子 |
| 728 | 五 | 皇太子夭折 |
| 729 | 天平一 | 长屋王被冠"谋反罪",自尽。改元"天平"。藤原光明子被立后 |
| 737 | 九 | 藤原氏四兄弟感染天花,病亡 |
| 738 | 十 | 阿倍内亲王被立太子 |
| 740 | 十二 | 爆发藤原广嗣之乱 |
| 741 | 十三 | 颁布建造国分寺之诏 |
| 743 | 十五 | 天皇发愿铸造东大寺大佛 |

**古代日本的女帝**

| 西历 | 日本纪年 | 历史事件 |
|---|---|---|
| 744 | 十六 | 安积亲王因脚疾病亡 |
| 748 | 二十 | 元正太上天皇亡 |
| 749 | 天平胜宝一 | 改元"天平感宝"。**圣武天皇禅位于阿倍皇太子（孝谦）**。改元"天平胜宝"。设置紫微中台 |
| 752 | 四 | 举行东大寺大佛开光仪式 |
| 756 | 八 | 圣武太上天皇亡。道祖王被立为太子 |
| 757 | 天平宝字一 | 道祖王被废太子位。大炊王被立为太子。爆发橘奈良麻吕之乱。改元"天平宝字" |
| 758 | 二 | 孝谦天皇禅让，大炊王（淳仁）即位。任命藤原仲麻吕为太保（右大臣） |
| 760 | 四 | 任命藤原仲麻吕为太师（太政大臣） |
| 762 | 六 | 淳仁天皇与孝谦太上天皇之间的不睦公开化。孝谦诏命，国家大事由太上天皇、小事由淳仁天皇分掌。同时期，淡海三船奉敕为诸天皇撰写并进献汉风谥号 |
| 764 | 八 | 爆发藤原仲麻吕之乱。道镜被任命为大臣禅师。淳仁天皇被废，发配淡路。**孝谦太上天皇重祚，为称德天皇** |
| 765 | 天平神护一 | 改元"天平神护"。道镜被任命为太政大臣禅师 |
| 766 | 二 | 道镜被封为法王 |
| 767 | 神护景云一 | 改元"神护景云" |
| 769 | 三 | 发生宇佐八幡神托事件 |
| 770 | 四 | 称德天皇亡。白壁王被立为太子。道镜被流放至下野国。白壁王（光仁）即位。改元"宝龟"。井上内亲王被立后 |
| 772 | 三 | 井上皇后被废 |
| 773 | 四 | 山部亲王被立为太子 |
| 781 | 天应一 | 改元"天应"。光仁天皇罹病禅位，山部亲王（桓武）即位 |

# 索　引

## あ行

白马节会　71

县犬养广刀自　172，180

县犬养三千代　180，185

安积亲王　172，180，182，
　185

朝仓宫（筑紫）　24，122，
　123，126

苇原中国　27

飞鸟板盖宫　91，93，120，
　122

飞鸟冈本宫　93，123，208

飞鸟川　68，91

飞鸟河边行宫　112，119，120

飞鸟京　93，134

飞鸟净御原宫　93，134

飞鸟寺　80，81，91，93

安宿王　181，195

安宿媛→光明子　101，159，
　171，172，179，180～183，
　185，190，198

阿昙比罗夫　126

穴穗部皇子　61，67

穴穗部间人皇女　61，65，75，
　100，136

阿倍氏　172

阿倍内亲王（皇女、皇太子）
　→孝谦天皇、称德天皇　1，
　2，109，159，162，167，
　168，172，175，176，181～
　193，195～197，201～204，

**古代日本的女帝**

**古代日本的女帝**

# ま行　　　　や行

图书在版编目（CIP）数据

古代日本的女帝／（日）吉村武彦著；顾姗姗译
. -- 北京：社会科学文献出版社，2019.5
ISBN 978 - 7 - 5201 - 3859 - 8

Ⅰ.①古… Ⅱ.①吉… ②顾… Ⅲ.①女性 - 天皇 -
人物研究 - 日本 - 古代 Ⅳ.①K833.137 = 2

中国版本图书馆 CIP 数据核字（2018）第 257168 号

## 古代日本的女帝

著　　者／〔日〕吉村武彦
译　　者／顾姗姗

出 版 人／谢寿光
责任编辑／沈　艺　徐一彤　续昕宇

出　　　版／社会科学文献出版社·甲骨文工作室（分社）（010）59366527
　　　　　　地址：北京市北三环中路甲 29 号院华龙大厦　邮编：100029
　　　　　　网址：www. ssap. com. cn
发　　行／市场营销中心（010）59367081　59367083
印　　装／三河市东方印刷有限公司

规　　格／开　本：889mm×1194mm　1/32
　　　　　　印　张：8　字　数：146 千字
版　　次／2019 年 5 月第 1 版　2019 年 5 月第 1 次印刷
书　　号／ISBN 978 - 7 - 5201 - 3859 - 8
著作权合同
登 记 号／图字 01 - 2017 - 5425 号
定　　价／52.00 元

本书如有印装质量问题，请与读者服务中心（010 - 59367028）联系